基于国标的日语专业系列拓展教材

◉ 主编 黄 芳

日语写作
——新思维与新方法

吴 扬 丁世理／编著

苏州大学出版社
Soochow University Press

图书在版编目(CIP)数据

日语写作：新思维与新方法 / 吴扬，丁世理编著；黄芳主编. —苏州：苏州大学出版社，2020.7

基于国标的日语专业系列拓展教材

ISBN 978-7-5672-3263-1

Ⅰ.①日… Ⅱ.①吴… ②丁… ③黄… Ⅲ.①日语—写作—教材 Ⅳ.①H365

中国版本图书馆 CIP 数据核字(2020)第 132069 号

书　　　名：	日语写作——新思维与新方法
	RIYU XIEZUO—— XIN SIWEI YU XIN FANGFA
编　　　著：	吴　扬　丁世理
责任编辑：	杨　华
助理编辑：	杨宇笛
装帧设计：	刘　俊
出版发行：	苏州大学出版社(Soochow University Press)
社　　　址：	苏州市十梓街1号　邮编：215006
网　　　址：	www.sudapress.com
邮　　　箱：	sdcbs@suda.edu.cn
印　　　装：	镇江文苑制版印刷有限责任公司
邮购热线：	0512-67480030　销售热线：0512-67481020
天 猫 店：	https://szdxcbs.tmall.com
开　　　本：	700 mm×1 000 mm　1/16　印张：10.75　字数：193千
版　　　次：	2020年7月第1版
印　　　次：	2020年7月第1次印刷
书　　　号：	ISBN 978-7-5672-3263-1
定　　　价：	38.00 元

凡购本社图书发现印装错误，请与本社联系调换。服务热线：0512-67481020

总序
General Preface

为满足社会经济发展的需求,完成中国高等教育从规模发展到以质量提升为核心的内涵式发展的转变,教育部于2018年1月出台了《普通高等学校本科专业类教学质量国家标准》。伴随着教育部《普通高等学校本科专业类教学质量国家标准》的出台,《高等学校外语类专业本科教学质量国家标准》相应出炉。国标要求培养具有国际视野和人文素养,掌握日语语言和文化知识,具备语言运用能力、跨文化交际能力、思辨能力、自主学习能力、实践能力和创新能力,能从事涉外工作、语言服务及日语教育,并具有一定研究能力的国际化、多元化外语人才。此外,国标更加注重培养日语专业人才的自主学习能力。

四川外国语大学日语系于2019年被选定为国家"一流专业"建设点,为了确保顺利通过国家"一流专业"验收,现正积极加强专业的建设,成立了"基于国标的日语专业系列拓展教材"编写团队,集中了我系各年级具有丰富教学经验的骨干教师。

本系列拓展教材基于国标对专业教材的要求,主要从两个方面来进行选题:第一,关于日语基础知识的3本教材,涵盖了词汇、句型和篇章,使学生全面掌握日语基础知识。第二,关于日本文化、历史等拓展知识的2本教材,有助于学习者掌握日本社会、文化、历史等方面的相关知识。本系列教材既可以用作专业教材,也可以用作教辅教材及学生自学教材。3本日语基础知识的教材适用于日语专业低年级的学生,可以帮助学生顺利通过日语专业四级考试和日本语能力测试N2、N1。2本文化、历史教材,加上已由苏州大学出版社出版的《日本文学理念精要》,可以帮助学生全面了解所学

语言对象国日本的文学、历史和社会文化。由于本系列教材涵盖了日语基础知识和拓展知识，因此，对于日语专业学生来说，它们是不可或缺的学习材料。

本系列拓展教材基于国标，培养学生语言运用能力、跨文化交际能力、思辨能力及自主学习能力四种能力，与时俱进，符合国标对人才培养的要求。每本教材重点突出一个新字，力求从同类书籍中脱颖而出。

《日语写作——新思维与新方法》是本系列拓展教材中的一本。编著者首先对日语学习者在写作中遇到的问题进行调查，之后基于对调查的分析，将这些问题各个击破，真正达到帮助学习者解决写作难题的目的。内容方面不仅总结了学习日语写作的要点，还从文章构建、资料收集整理、文章推进等方面展示写作的方法，同时也为学习者设计了自我检测的方法。

本教材的一位编著者吴扬老师系四川外国语大学日语系副教授，专业方向为日语语言学；另一位编著者丁世理老师系四川外国语大学日语系讲师，研究方向为日本文学。两位编著者阅览了在中国及日本销售的日语写作方面的书籍后，将其问题归结如下：

(1) 未对日语学习者在写作中所遇到的问题进行调查，因此不能对症下药。

(2) 以日语为中心，未考虑汉语本身的特征对学习者带来的影响。

(3) 以列举作文实例为主，未提供写作的方法论，因此难以提高学习者的自学能力。

本书旨在解决以上问题，使学习者可以掌握各类题材的写作技巧，并能进行自我检测和评价。

黄　芳

2020 年 5 月于四川外国语大学

  本书是针对日语专业新教学大纲的教学内容和要求编写的日语写作教材。新大纲揭示了新时代对日语专业学生各方面知识和能力的要求，也是日语专业可持续发展的指南。日语写作作为日语专业的核心课程之一，其教材也理应顺应形势精心打磨，以满足新的要求。

  新大纲重视学生在外语运用、思辨、研究、实践、跨文化交际等方面的能力。编著者认为，这些能力都可以反映在写作中。写作中常被提及的"语言内知识"对应的是外语运用能力，"语言外知识"则对应的是除此以外的其他几方面能力。本书第一部分着眼于语言外知识，讲解了日语文章构思的流程，提供日语文章构建的思路和方法，实际上，这也是训练学生思辨、研究等能力的过程。第二部分以语言内知识为中心，从书写、词汇、句型、段落等方面详细讲解日语写作中必备的基础语言知识。此部分采用分条目叙述的方式，使得要点一目了然。第三部分为写作示范，选取信函、幻灯片演讲文案和毕业论文三类学生经常接触的文章体裁，结合编著者实际创作的文章和指导过的优秀文章具体讲解写作方法。

  同时，为了配合新大纲中学生定位主体化的理念，促进学生自主学习、自我评价、主动总结、改进学习方法，本书还在第二部分阐述了制作和使用作文自我测评单的方法，并在附录列举了各类拓展资料，提醒学生结合时代特点，利用网络学习资源提升写作能力。

  另外，我们在编写前也倾听了学习者的声音，了解他们在写作中遇到的实际问题，并在书中提出行之有效的解决方法，这是本书特色之一。

  本书的编写理念可以总结为：思维、方法、语言三方面齐头并进，使学习

者在适应日语写作新要求的同时,有效解决学习中的常见问题。

  本书主要供高等院校日语专业本科生学习使用,适合日语水平在本科二年级及以上的学习者,具有相应日语能力水平的其他日语学习者也可参考使用。本书在编写过程中参考了国内外众多著作,在此向各位作者谨表谢意。同时,本书的出版得到了四川外国语大学日语系领导的大力支持。编著者能力有限,书中不足,敬请读者批评指正。

编著者
2020 年 5 月于四川外国语大学

目录
Contents

序　章 日语写作常见问题 …………………… 001

第一部分 语言外知识篇 …………………… 007

第1课 ▶ 设定主题 …………………… 008
第2课 ▶ 收集材料 …………………… 014
第3课 ▶ 设计结构 …………………… 020

第二部分 语言内知识篇 …………………… 035

第4课 ▶ 规范文字、标点、书写格式 …………………… 036
第5课 ▶ 精简语句表达 …………………… 064
第6课 ▶ 清楚划分段落 …………………… 084
第7课 ▶ 正确选择表达形态 …………………… 093
第8课 ▶ 仔细推敲评改 …………………… 105

第三部分　写作实践篇 ……………………………………… 109

第 9 课　信息互通类——信函 ……………………… 110

第 10 课　互动交流类——幻灯片演讲稿 ……… 122

第 11 课　意见阐述类——论文 ………………… 137

附　录 …………………………………………………… 147

附录一　网络拓展资料 ………………………… 148

附录二　拓展阅读书籍 ………………………… 149

附录三　日语常用汉字一览表(2136 字) ……… 150

附录四　稿纸 …………………………………… 160

附录五　作文自评单 …………………………… 163

序章

日语写作常见问题

当前国内高校日语专业的课程设置中,通常会有日语写作。然而从实际效果来看,许多学生的日语写作能力还有待提高。

"哎,作文太难了。"学生经常这样叹息。特别是达到中高级日语水平,相对来说能够更自由表达自身想法的阶段,学生们的烦恼更加凸显:"我的会话还不错,但写作的时候感觉困难重重""明明知道很多单词和语法点,还是写不好作文。"也就是说,日语知识储备量的增加和写作水平的提高往往不成正比。

下面是一位日语专业本科三年级学生的作文,作文题目是「将来について」。

> 今年の九月に私はもう大学三年生になりました。将来のことをちゃんとかんがえなくちゃいけないんですけど、まだ全然わかりません。親が大学院に進みましょうと言いましたけど、試験がとっても難しくて合格の自信がないんです。でも、就職したら、給料は低いかもしれないし、人間関係は面倒くさいから、したくないです。そして、勉強だけが出世の道じゃないと思いますから、もっといろんなことをやってみたいです。(中略)どうしたらいいですか。やっぱり、むずかしいですね。

很遗憾,这很难称得上是一篇符合中高级学习者日语水平的文章。这么说有两个理由:一是整篇文章充斥着口语,给人以稚拙的印象;二是「将来について」是一个需要运用成年人的思维来思考的题目,而文章未体现思维的深度。

为什么会写出这样的作文呢?

首先,可以归因于学习者写作知识的不足。在初级阶段,写作主要以单纯描写事物或事件为主,而到了中高级阶段,则转变为以思想情感的表达、意见的陈述或评论等更复杂、更抽象的内容为主。为此,学习者需要学习相应的写作知识和规则,并持续不断地进行写作训练。然而,实际情况是,学习者很难得到充分的指导,也没有进行足够的训练。

其次,写作准备不充分。很多学习者拿到题目后,脑海里刚浮现一个模糊的印象就提笔写,没有花充足的时间揣摩题目,搜集素材,整理构思。其后果就是写作时常陷入停滞不前的境况,写出来的文章看起来层次不清,缺乏中心。

最后,也是最根本原因,还在于很多学习者对写作有畏难、抗拒心理。一方面,外语学习中,大多数学习者倾向于练好口语、听力,以应对面对面的交流。这或许是因为学习者在面对面交流中能够迅速获得反馈,从而获得更强烈的学习成就感。而另一方面,写作时看不见读者,不仅要思考如何有逻辑、准确无误地表达,还要考虑读者兴趣点、读者的阅读负担等要素。用母语写作都非常难,更不用说用外语写作了。这样,写作的非即时性、缜密性等特征使得很多学习者畏怯退缩,一说到写作就犯难。

下面列举学习者在实际的写作练习中遇到的一些问题。

(一) 我不明白为什么一定要用日语写作

学习者 A:
感觉用日语写作就是用学过的单词和句型写几个句子凑在一起。老师也只是用红笔标出错误的地方。总之,一篇作文写下来,感觉仅仅是复习了一遍单词和语法。我不知道写作还能对我的日语学习有什么其他帮助。

学习者 B:
对于自己的思想、情感、意见,我们可以通过声音来传达,这样更直接、高效,为什么要花费那么多工夫特意转化成文字呢?

如果不明确用日语写作的目的,那么,许多学习者也就难以有动力开展写作活动,更不用说坚持写作了。这里主要从巩固日语知识和传达自身思想情感两方面来说明日语写作的意义。

1. 巩固日语知识

学到的日语知识,不实际使用的话终归会慢慢忘却。通过写作,将学过的单词、语法融入文章,能起到巩固日语知识的作用。特别是在日语学习的初级阶段,通过写作巩固日语知识的作用更加明显。

具体来说,写作可以巩固单词、语法、汉字、书写、敬体和简体的区分等方面的知识。到了中高级阶段,还会强调区分使用口语和书面语、近义词

等。例如，书面语中不能使用"宿題を忘れちゃった"，而要用"宿題を忘れてしまった"，"泳ぐ"还有"水泳""スイミング"等近义表达。选择的词汇不一样，向读者传达的思想情感也会发生变化。也就是说，写作可以促使学习者丰富语言表达，并且训练学习者根据对象选择恰当的表达方式。

需要注意的是，通过日语写作来巩固日语知识，只是收获了一些"条条框框"，如果过度追求日语知识的正确性，反而会让写作成为课堂学习的机械延伸，学习者也会因此丧失写作的积极性。因此，不能将巩固日语知识作为写作的唯一目的。

2. 传达思想情感及与他人交流

写作是输出我们掌握的知识、信息，以及传达我们的思想情感的手段。通过写作，我们可以将凌乱琐碎的信息、思想情感整理成一个有条理的体系。写作也是一个思考问题的本质，多角度寻找解决问题方法的过程，可以促使我们更深入地思考问题，无形中提高自身的思考能力。

同时，写作也是与他人进行交流的手段。以前，书信是信息传递的重要手段之一，而如今，随着互联网技术的飞速发展，越来越多的人习惯，甚至依赖电子邮件、网络社交媒体等方式进行交流。但是，与书信这种传统的交流方式相同的是，在这些现代化平台上，我们很多时候仍然要依靠文字交流。技术的进步未能完完全全改变交流的根本手段，可以说，写作是现代社会不可缺少的一种日常交流活动。

（二）我的日语知识不够

学习者 A：	学习者 B：
我平时一般都是用电脑写作，拿着作文稿纸，我甚至都不知道题目和名字应该写在哪里。汉字、假名、标点符号，这些应该怎么放置在每个格子里呢？习惯了横向书写，对竖向书写稿纸的使用方法更是摸不着头脑。	我知道日语有敬体和简体、口语和书面语的区别，但在实际操作中具体如何区分使用，不甚明白。

> **学习者C：**
> 　　我已经掌握了很多日语单词、句型、写作规则，但还是摆脱不了中式思维，写出来的作文还是很不自然。

　　熟练运用日语的能力是进行日语写作的前提。熟练地运用日语，除了坚持听、说、读、写、译等基础练习外，并没有捷径。这个基础训练的过程也绝非是某一本教材、某些课程可以代替的。然而，写作中也存在普遍性规则，可以通过教材、课堂学习获得一定的知识。

　　日语毕竟是与汉语不同的一种语言，纵然这两种语言之间具有一些相似性，但终归不一样。两国人民的生活习惯、思维方式存在许多不同，这些不同必然会反映在语言当中。按照中式思维的逻辑，有的日语使用习惯并不符合常理。我们要充分意识到自己时刻处在中式思维的模式之中，有意识地尝试站在日本人的角度去看待某些难以理解的现象，久而久之也就习以为常，这对于进一步提高写作能力也具有重要意义。

（三）我不知道怎么下笔

> **学习者A：**
> 　　拿到作文题目后，我脑子一片空白，半天都憋不出来一个字。比如《我的家乡》这个题目，看似很简单，但我到底该从何下笔呢？家乡的风景？家乡的食物？家乡的风景名胜？

> **学习者B：**
> 　　我脑子里有很多想法，但不知道怎么把它们表达成文字。而且，我总觉得它们零零散散的，要把它们有条理、系统地整理成型真是太难了。

> **学习者C：**
> 　　好不容易提笔开始写了，不知为何总是写到中途就写不下去了。

口语和书面语的问题、中式思维的问题,都是语言运用方面的问题,除此以外,还要注意写作本身的技术性问题,这不是日语能力可以解决的。

写作也是有顺序的,谁都不可能一拿到题目就妙笔生花。首先要关注的是"言之有物",即在写作之前要有明确的目标,清楚自己要写什么。为此,我们要对主题稍做斟酌,比如思考这个主题的内涵是什么,关于这个主题可以有多少种思维角度,与这个主题相关的事物有哪些,等等。接着,为了让所叙述的内容具体生动,让观点有说服力,要根据主题充分收集资料。最后,根据收集到的材料整理写作思路,搭建好文章的骨架部分,尽可能详细地编写大纲。只有在写作之前做好充分的准备,才能做到下笔有神。

(四)我不知道怎么修改文章

> 学习者 A:
>
> 每次花了大量的时间写好文章,交给老师后返回来的是满篇红色,都不像是我自己写的东西了。

> 学习者 B:
>
> 写完作文后我感觉在内容和形式上都有很多缺陷,但又不知道应该怎么去修改,因而羞于把作文给别人看。

即便是留下了众多名著的文学大家,也很难轻而易举地完成一部作品,这些文学大家通常也是非常善于推敲的。推敲,简单地说,就是调整文章布局、替换表达方式、添加和删除内容的行为。推敲的对象涵盖文章的形式和内容,需要反复进行。人们常说,"好文章是改出来的",推敲是提高文章质量的重要手段,甚至说文章的优劣取决于推敲也不为过。

冰冻三尺非一日之寒,造成这些问题的原因多种多样,此处限于笔力难以一一剖析。无论是在生活、学习还是工作中,每个人多多少少避免不了与写作打交道。比如,日记、电子邮信、演讲稿等。可以说,写作不仅是母语运用的一部分,也是外语学习必须面对的方面,缺少了写作,外语学习就不全面。只有彻底剖析自身在写作方面的问题,并寻求解决之策,才能切身体会到写作的快乐。

第一部分

语言外知识篇

曾经听到一位教授留学生日语的日本人这样评价一些中国留学生的文章:"日语语法没有太多错误,但就是内容很难懂,不知所云。"这样看来,比起语言能力,中国学生在日语写作中出现的问题更多是源自语言外知识——构思能力的不足。可以说,语言外能力不受语言限制,即便是在使用母语写作时,也是决定写作水平的关键因素。只有在构思上下功夫,才能避免中心思想不明确、层次不清、前后矛盾等情况发生,提高文章的可读性。

构思,即对文章内容、文章结构进行总体设计和安排,就像绘制房屋的设计图一样,要对房屋内各个部分及其功能进行布局。构思过程是将写文章的大致思路固定化、具体化的过程。此过程具体来说要解决以下问题:主题的选择,表达的目的和态度,各个分论点的内容,材料放置的位置,各个材料、论点的篇幅,开头和结尾的方式,等等。

第1课

设定主题

"主题",即作者通过全篇文章最想要传达给读者的东西,是文章的"灵魂"。在写随笔等文章时,可以不明确设置主题,但在写议论文、说明文等文章时,必须要有能够统领全文的明确主题。

"主题"很多时候会被认为与"题目""课题"同义,但严格来说,它们之间是有差异的。"题目""课题"提示的是写作的对象,而"主题"提示的是作者对于这个写作对象的态度、认知、思考等。例如,对于《环境问题》这个"题目",作者可以将"主题"设定为"人类改造自然,需要以与自然和平共处为前提""不应该缩减处理环境问题的费用"等。也就是说,主题反映的是作者对事物的独特的思考方式和见解,这种思考方式、见解通常是以简明的短句表达出来的。

确立主题的基本要求

在没有明确的主题意识的情况下就着手写作,就像是轮船在大海里没有目的地航行一样,文章内容会显得层次不清、杂乱无章。可以说,如何确定主题决定了文章的基调,同时也影响着读者对文章的评价。

选择主题时应该充分考虑以下几点。

(1) 主题必须是作者有意愿和热情写下去的、有价值的内容;

(2) 主题最好是作者熟知的、特别感兴趣的或者是有独到见解的内容,以便迅速获取具体事实、事例、数据等写作材料;

(3) 主题应该是能让读者感兴趣的内容;

(4) 主题最好是可以结合具体事例的内容;

(5) 主题需要根据字数限制或时间限制适当缩放。

设定主题是一个由发散到聚拢的过程,本课将介绍通过"头脑风暴法"

(ブレーンストーミング)设定主题的方法。"头脑风暴法",即通过无限制的自由联想和讨论,激发新观念和新设想,从而解决问题的方法。"头脑风暴法"可以以个人或团队为单位进行,除去规定需要团队共同作业的情况,写作在大多数情况下是由个人完成的。

二 尽量多地列出论点

通常,对于一个写作对象,可以从多个角度来思考,如果一开始就将思维禁锢于某一两个点的话,可能导致文章内容单调,缺乏新意。通过头脑风暴法确立主题的最初阶段,就像是在做一个关于联想和想象的游戏,让思维自由驰骋,从不同角度、不同层次、不同方位,大胆地将题目发散开来,并把联想和想象到的事物全部都记录下来。这个阶段的主要任务是追求"量",想到的事物越多越好。

比如,由「私の父親」这个题目可以联想到以下事物。

> 顔にしわが多い、親孝行、友達が多い、坊主頭、短気、中肉中背、笑顔、家族思い、マージャン、母との出会い、釣り、お酒、道路建設、高速道路、トンネル、占い、お抱っこ、ふるさと、山、朱自清の「背影」、孟郊の「游子吟」……

三 分类整理

通过头脑风暴联想和想象到的事物,不是所有都能直接用于文章构建的,需要经过筛选、整理。记录下想到的词语、短语后,将有关联性的词语、短语整理在一起,并注上能反映特征的标题。上面列出的事物看似杂乱无章,经过整理后可以将它们归为"父親"的八类属性。

> (1) 外見:太っている、坊主頭、顔にしわが多い、笑顔
> (2) 性格:短気、家族思い、親孝行
> (3) 趣味:マージャン、釣り、お酒、占い

> (4) 仕事:道路建設、高速道路、トンネル
> (5) 思い出:お抱っこ、ふるさと、山
> (7) 社交関係:友達が多い、母との出会い
> (8) 文芸作品:朱自清の「背影」、孟郊の「游子吟」

四 摆脱瓶颈

和拥有多人智慧、多种视角的团队相比,个人进行头脑风暴时会更早遭遇瓶颈,这里介绍一些克服瓶颈状态的方法。

古人有诗云:"横看成岭侧成峰,远近高低各不同。"为了开阔思路,可以改变空间和环境视角。例如,一个圆锥体从正面看是一个三角形,从下面看是一个圆,而从上面看是一个有中心点的圆;也可以先把这个圆锥体放在自然光线下,再放在强烈光线照射之下,对比两种环境中圆锥体呈现的状态;又或是,把这个圆锥体和球体、圆柱体等组合在一起,看圆锥体在组合中呈现的样态。我们对于自己父母的看法,大多数是基于"家人"这一比较亲密的身份和立场,可以尝试排除一切主观情感和既有的观点,以父母的同事等观察角度,对他们从工作能力、社交能力等方面进行分析,一定可以看到未曾认识到的一面。

另外一种方法是跳跃性联想,即任意选择一个和主题完全无关的词语进行联想,再将联想到的事物与和主题相关的事物结合。例如,对于前文中的「私の父親」这个题目,任意选择一个毫无关系的事物——"蟹",并从"蟹"得到以下联想。

> 2つの大きなハサミ、横歩き、泡を吐く、目が外に飛び出ている、硬い甲殻、足が8本、どうやって脱皮するのか、エビに似ているのに尻尾がない、足長の高足ガニ、熱を加えると赤くなる、ボイルして食べる、カニ専用ハサミ、食事が無口になる、カニみそ、甲殻が容器になる、鍋物、北海道旅行、カルシウム、猿蟹合戦、カニばさみ(プロレスの技)、クリスマス島のカニの大移動、ヤドカリ、ザリガニ……

五 制作思维导图

分类整理好联想到的事物之后,需要找出各类事物间的关系。这个阶段可以使用思维导图(マインドマップ)。思维导图可以将大量的信息,通过关键字和层次浓缩成一张直观、简洁的图像。

上面的例子,可以"父亲"为中心,将想到的事物按类别、从属关系排列组合后,用辐射线连接形成一个有分支结构的图形。之后,对这张图形中的各个事物进行分析,并找出事物间的联系,并用虚线标示(图 1-1)。思维导图可以使用电脑软件制作,也可以手工描画,这里展示的是用电脑软件制成的图形。

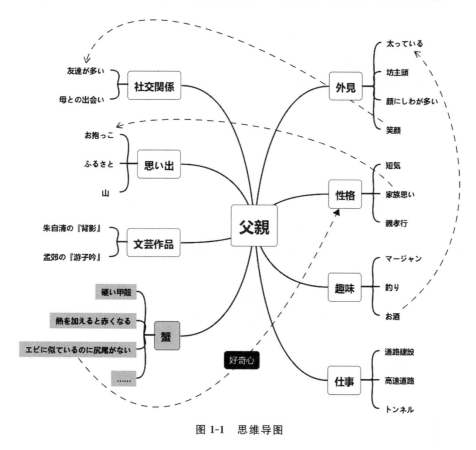

图 1-1　思维导图

将想到的事物制成思维导图,放在同一平面上审视,可能会激发出新的想法。例如,由和题目毫无关系的"蟹"联想到"エビに似ているのに尻尾が

ない"，进而想起父亲常常问起"为什么鸵鸟和鸡属于鸟类却不会飞?""回家的时候在路边看见了一株黄色的花，也不知道叫什么名字"等问题，总是对生活中的各种事情都充满了好奇，从而将主题确定为"好奇心旺盛な父"。这是在设定主题的最初阶段，并未想到的。

六 记录主题句

　　在确定好主题的情况下，文章还是会出现前后矛盾、内容涣散等情况，最重要的原因可能是没有始终贯彻主题。为此，须将确定好的主题精炼成一个主题句并记录下来。这里说的记录主题句，不是单纯地把主题句誊写在纸张上，而是要在收集材料、思考文章结构和书写时，也就是文章写作的全程中，将主题句作为文章的轴心和文章内容延展的指南。只有这样，才能将文章从头至尾统括起来，使其保持统一性。

　　从多个角度思考问题，并做出最恰当的选择，并非易事，需要我们在日常生活中学会观察，善于思考，多阅读，多吸收知识，多积累经验，在将这些体验和经历转化成文字的过程中自我反省，弄明白自己在想什么、想说什么，从而获得成长。

练习

1. 以「平和」为题目，使用头脑风暴法确定主题。

题目・課題：＿＿＿＿＿＿平　和＿＿＿＿＿＿

(1) ブレーンストーミングをしよう

(2) 分類しよう

（3）マインドマップを描こう

絞り込んだ主題文：＿＿＿＿＿＿＿＿＿＿＿＿＿＿＿＿＿＿＿＿＿＿＿＿＿

第 2 课

收集材料

文章的内容主要由各种材料组成。一篇文章如果主题新颖、独特、有深意,却没有支撑材料,就像身体缺少了血肉一样。可以说,能否收集到丰富充实的材料,关系到能否成功表达主题,这在很大程度上影响着文章的质量。同时,在用心收集、整理材料时,也有可能会发现主题的新内涵。

一 广泛收集

收集文章的材料是一个由杂到精的过程。

说到材料,一般会想到书刊资料,书刊资料中最常见的是报纸、书籍、论文、字典等,但是也需要根据文章体裁拓展资料的范围。比如,写游记时,可以把景点的观光指南、地图、地方志或是自己拍的照片作为资料;写随笔时,个人日记、书信等都可以成为文章的材料。

写作的材料来源大致有三类。

1. 个人的经历

曾经让自己心潮澎湃、热泪盈眶、思绪万千的经历,是最容易打动读者内心的材料,但是,很多时候,仅凭个人经历,难以对文章主题的说明提供有力支撑,也难以为自身的主张提供根据。如果文章从头至尾都只记叙个人经历的话,甚至会使读者感到作者的想法不具有普遍性意义。因此,还必须增添一些具有说明性和论证意义的材料。另外,人的记忆常常与事实有偏差,所以应尽量使用记忆准确的材料,最好是选取和他人共同经历的事例,参照共同经历者的叙述来验证记忆的可靠程度。

2. 个人做的调查

个人做的调查,包括对身边事物的文字和图像记录、问卷调查、人物采

访、实验等。个人在所做调查中可以大量融入自身创意、视点,从而更容易呈现独创性。只是要特别注意,做调查容不得随心所欲,只有掌握科学的方法才能得出可靠的调查结果。在做问卷调查之前,最好阅读一些调查问卷方法论的书籍,对调查对象、调查具体内容等进行周密的设计;做人物采访前,要把握采访对象的特征,调查采访对象的背景,并在设计问题和提问方式等方面下大功夫。

3. 文献资料

文献资料包括字典、百科全书、报纸、专业书籍、研究论文、说明书、故事、小说、诗歌、法律条文、政府报告、统计数据等,可广泛运用各类文章。查找文献最快捷的方法首先是在网页搜索引擎里输入与主题相关的字眼,其次是到图书馆或书店寻找相关书籍,但是对于初涉文献资料的学习者来说,会面临不知从何着手的困境,这时可以借助相关书籍了解常识性知识,获得该领域的经典文献信息。另外,手中正在阅读的文献中出现的其他相关文献也可以找来阅读。需要特别注意的是,要尽量阅读原始资料,二次资料存在对原始资料理解有误或断章取义的可能性。

另外,信息技术的飞速发展,使我们能通过网络快速获得形形色色的信息资源,但是,网络自身的特性促使了一些用户不负责任地发表不实言论,这也使网络信息质量参差不齐,内容真假难辨。为了从泛滥的信息中获取真实可靠的信息,不仅要在检索引擎、关键字的选择等方面掌握一些技巧,更需要培养批判能力和判断能力。使用网络信息时,最好以各种官方网站发布的信息为主。

在搜罗资料的阶段,可以不用在意材料的外在形态,不管是从杂志、报纸上剪下来的纸片,还是手机里的截屏或图片,又或是电脑里收藏的视频资料和网页,只要与主题有关都可以保存起来。

二 准确记录

收集到材料后,要特别注意记录和保存材料的信息,这样不仅能让我们在需要再次阅读时,快速搜索到目标资料,更重要的是,能让我们正确记录和保存材料的信息,为论据提供可验证性,这关系到文章论据的价值。也就

是说，如果读者不能获得确切的材料信息来验证材料的由来，那就有充分理由怀疑材料的真实性。如果出现了这种情况，作者也只能是百口莫辩。

对于不同材料，可以采用不同的方法留存信息。

（1）纸质资料：必须通过复印、扫描等手段保留原文，同时，制作文献资料列表，记录文献名称、作者、出版社、出版时间等信息后保存；

（2）网页资料：网页可能会由于更新而突然消失，最好截图留存；

（3）个人的经历、调查：记录下与听到的事件、观察到的现象、拍摄的照片相关的时间、地点、人物，详细记录下实验方法、实验结果、分析方法等。

三 严格精选

制作一道精致美食，不能随心所欲地将各式各样的食材一股脑儿地倒进锅里，同样，一个不剩地把收集到的材料都塞进文章的话，文章看起来就会像一锅大杂烩。可以说，运用材料是否恰当，是决定文章论据是否有力、内容是否丰满的关键因素。那么，如何甄选出恰当的材料呢？

1. 有效性

和主题没有太大关系的材料，可以果断舍弃。剩下的与主题相关的、可以为表现主题发挥积极作用的材料主要有以下几类。

（1）用于解释定义的材料；

（2）可用来作对比的事物；

（3）统计数据；

（4）真人真事等具体事例；

（5）名人名言、谚语、寓言故事、经典文献等。

2. 可靠性

如果材料缺乏可靠性，文章的质量必然受影响，以下观点可以用于验证资料的可靠性。

（1）外部整合性：如果出现几份材料之间有矛盾的情况，则可以质疑相关材料的真实性；

(2) 内部整合性：同一份材料中的观点前后一致、没有矛盾；
(3) 材料中的参考资料：参考资料有确切的出版信息，具有权威性；
(4) 调查方法：调查方法恰当，标本数量充足，统计数据结果正确，分析有条理、有根据；
(5) 写作立场：没有夹杂个人的主观推测、偏见。

3. 吸引力

要根据读者的年龄、性别、知识水平、背景知识等选取能够吸引读者注意力、激发阅读欲望的材料。一般来说，包含以下要素的材料，对读者来说具有吸引力。

(1) 独到的见解；
(2) 违背常理的现象；
(3) 通俗易懂；
(4) 具备幽默性和戏剧性色彩。

四 合理分类

对于精选出来的材料，还需要结合文章整体的构思分类整理。材料分类的方法，与文章的结构方式有着紧密关系，主要可以采用以下两种观点进行分类。

(1) 按内容的观点：与内容类似的材料、与内容对立的材料等；
(2) 按重要性：组成文章骨架的材料、辅助性材料。

日常生活中充满了写作的材料，只要保持好奇心，提高观察力，有意识地记录下所见、所闻、所思、所想，将它们一点一点积累起来，就能为构思文章提供帮助。

练习

1. 以「図書館の席取り現象」为题目，通过各种方式广泛收集写作材料。

題目・課題：＿＿＿＿＿＿図書館の席取り現象＿＿＿＿＿＿

主題文：_____

(1) 自分の知識や体験を書き出してみよう

① 知識の概要、出所

② 時間、場所、人物、出来事

(2) 観察記録を作ろう

① 観察計画（観察の対象、目的、方法、期間など）

② 観察結果

③ 分析・考察

④ 結論

(3) インタビューをしよう

① インタビュー計画（インタビューの対象、目的、日程など）

② 質問項目

③ 得られた回答

④ 分析・考察

⑤ 結論

(4) アンケート調査をしよう

① アンケート計画(アンケートの対象、目的、日程など)

② 質問紙

③ 結果

④ 分析・考察

⑤ 結論

(5) 参考資料リストを作ろう

① 書籍

② 論文

③ 新聞や雑誌の記事

④ ウェブサイト

第 3 课

设 计 结 构

设计文章的结构,即根据写作目的、体裁等对材料进行组织布局,可以将其比喻为组建文章的"骨骼"。合理的结构设计可使文章表达效果最大化。文章的结构需要满足完整、思路清晰、衔接自然、结构合理等条件。

安排整体结构

根据写作目的、写作内容、体裁等的不同,文章的整体结构大致可以分为二段式结构、三段式结构、四段式结构和五段式结构。要注意的是,这里的"段"并非指段落,而是根据思维进程的不同划分出的部分。

(一) 二段式结构

二段式结构可以细分为"开头(導入)—展开(展開)""分论(各論)—总论(総論)""总论(総論)—分论(各論)"三种结构方式,这种结构适用于较短的文章。

1. 开头—展开

开头提示主题,然后对主题的相关内容展开叙述。此种结构方式,相较于"分论—总论"和"总论—分论"结构方式来说,前后内容不一定要保持很强的逻辑关系。

> フキノトウは、雪解けを待ちきれず出てくる早春の山菜です。 ——开头: 提示主题"フキノトウ"

> フキノトウの食べ方は、何といってもてんぷらがいちばんでしょう。低めの温度でじっくり揚げるのがコツで、つぼみが開くと苦味が取れます。そのほか、味噌汁の具や煮びたしにしても美味です。

（展开：具体叙述"フキノトウの食べ方"）

2. 分论—总论

先列举出具体的事实材料，然后得出结论。

> 最近、給料は銀行に自動的に振り込まれ、買い物はクレジットカード、あるいはアプリケーションで支払うことが多い。また、家賃や電気、ガス、水道などの料金、電話代、車の保険などもインターネットを通じて支払うことができる。
> 　現金がわれわれの社会から遠ざかり、キャッシュレス時代がやってきているのである。

（分论：列举"現金を持ち歩くことが少なくなった"相关事实）

（总论："キャッシュレス時代が来ている"）

3. 总论—分论

先给出结论，再逐一说明。

> 平和の光が世界のすみずみまで照らしている今でも、多くの国において戦火は止まらず、人々はの苦しみにあえいでいる。
> 　たとえば、テレビのニュースから、シリアという国の惨状を知ることができる。町には生気がなく、みすぼらしい身なりをして、骨皮だけの子供たちがゴミをあさりながら生きている。また、国土環境が破壊され、食糧が不足し、疫病が爆発的に蔓延し、医療施設の不備のため、患者が目の前で死んでゆく。

（总论："戦争に苦しんでいる国と人がいる"）

（分论：具体叙述"シリアの様子"）

（二）三段式结构

三段式结构，即将文章分为"开头（導入）—展开（展開）—结尾（結末）"三部分进行布局。通常认为三段式结构最符合人类的思维习惯，很适合议论文、说明文等逻辑性强的文章，也是写作的最基本结构。

不同体裁的文章对三个部分的称呼方式有所不同，例如，说明文、议论文将三个部分称为"绪论（序論）—本论（内容）—结论（結論）"，记叙文将其称为"开端（発端）—经过（経過）—结尾（結末）"（表1-1）。写作过程中要特别注意三个部分所占的比例，展开部分所占比例应该最大，而结尾部分要尽量简洁。

表 1-1　三段式结构与文章体裁

文章体裁	称呼	内容或作用
说明文、议论文	绪论	介绍主题、背景、问题、目的
	本论	叙述事实，阐明观点，提示论据
	结论	总结全文，提示结论，强调主题，展望未来
记叙文	开端	介绍事件、地点、人物、背景
	经过	叙述事件及其发展（发展、高潮）
	结尾	事件的结果、说明的道理（主题）

下面是三段式结构的说明文和记叙文的例子。

* 三段式结构说明文

> 　　○○空港の開通により、外国人観光客が増加し、それに応じて適切な多言語表示も求められるようになっている。本稿の目的は○○市内の地名、道標、案内地図に関する多言語表示の現状を現地調査したうえで、その問題点を見出し、外国人観光客に役立つ情報提供の方法を考えることである。　　　　　　　　　　　　　　　　　　　　　　　　　　绪论："背景、目的、方法"
>
> 　　まず、言語の数と表示の分布を見てみる。調査によると、○○市内の多言語表示は、英語・中国語・韓国語の3言語が中心である。また、交差点　　　　　　　　　　　　　　　　　　　　　　　　　　本论："多言語表示の現状と分析"

ごとに、または200 m～300 m置きに多言語で表示された案内地図と道標が配置されている。

　それから、言葉の扱いの面では、まず、表示が一致しないところが多く見られる。例えば、「西側緑道公園」の外国語表示では、「Nishigawa Canal Walk」と「Nishigawa Green Road Park」と違った場所で表記されている。また、日本語そのままを使う現象もある。例えば、「県庁」は「县厅」と簡体字にしただけで、中国人には通じかねるだろう。(中略)これらの現象は翻訳における工夫が足りないことによるだろう。

　○○市内の多言語表示は、配置がほうぼうに届いている点では、観光客の負担を大きく減らせるが、言葉の扱いの面では改善する必要があるように思われる。 ── 结论："全体的な特徴と問題点"

* 三段式结构记叙文

　京都は度重なる災害に襲われて、羅生門に至っては死体を捨てる習慣すらできた。主人に暇を出されて途方に暮れていた下人が雨やみを待っていた。 ── 开端："社会状況と下人の様子"

　下人は寝る場所を探すために門の楼に上がると、誰かが火を灯していることに気づいた。覗いてみると、一人の痩せた老婆が死体の毛を抜いているようであった。許されないことをしていると思った下人には悪を憎む気持ちが沸き上がってきて老婆を取り押さえながら、死体の毛を抜いていた原因を問い詰めた。老婆は「この死体はろくな人間じゃなかったし、ワシはこうしなければ死ぬしかない。死体たちも大目に見てくれるは ── 经过："下人と老婆のやりとり"

明をした。
　下人は老婆の話を聞いて悪を肯定する勇気が湧き、老婆の話が終わると、老婆の着物をはぎ取って蹴り倒して夜の闇へ消えて去った。
　　　　　　（芥川龍之介『羅生門』のあらすじ）

結尾："下人の心理変化と行動"

另外，邮件或比较简短的书信的结构也可以归为三段式。

* 三段结构邮件

○○教授
　いつもゼミでご指導いただきありがとうございます。○○学部○○学科○○年の○○です。
　卒業論文のテーマと構成を下書きしましたが、ご確認いただけないかと思い、ご連絡いたしました。
　教授のご都合のよろしいお時間に研究室をお訪ねしたく存じますので、1時間ほどお時間をいただけませんでしょうか。
　お忙しいところ大変恐縮ではございますが、何卒宜しくお願い申し上げます。
　　　　　　○○学部○○学科○○年　○○

开头："挨拶と名乗り"

展开："要件を述べる"

结尾："結びのことば"

（三）四段式结构

四段式结构，即"起（起）—承（承）—转（転）—结（結）"的结构方式。这种结构起源于汉诗的作诗方法，比如，耳熟能详的唐诗《春晓》就精妙地运用了这个结构。这种结构重视由"转"到"结"时带给读者的意外感、新鲜感，并且从源于汉诗这一点也能知道，这种结构更适用于小说、诗歌等具有文学性、艺术性的体裁。

1. 起

介绍主要人物、背景。

2. 承

承接上文叙述故事发展。

3. 转

故事高潮或转机。

4. 结

故事结局。

* **四段式结构唐诗**

春眠暁を覚えず

処処啼鳥を聞く

夜来風雨の声

花落つること知る多少ぞ

（孟浩然「春暁」）

起、承："春ののどかな雰囲気"

转："春の嵐を描写して変化を用意する"

结："二つの風景を融合させて雨上がりの晴れ夜間情景を浮かび上がらせる"

* **四段式结构童话故事**

　王様とお妃様の願いを受けて、かわいい白雪姫が誕生しました。しかし、お妃様は病気で亡くなりました。新しいお妃様は、魔法の鏡に「世界中であなたが一番美しい」と答えてもらっては喜んでいました。

　しかし、白雪姫が美しいお姫様に成長すると、魔法の鏡の答えは変わってしまいました。嫉妬したお妃様は白雪姫を殺すように家来に命令しましたが、家来は白雪姫を森の奥に逃しました。白雪姫はそこで7人の妖精と暮らすようになりました。

起："背景、人物"

承："物語の展開"

> 白雪姫がまだ生きていることを知ったお妃様は、りんご売りのお婆さんに化けて白雪姫をだまし、毒りんごを食べさせました。
>
> 帰ってきた妖精たちは、白雪姫が死んだ思って嘆き悲しみました。するとそこへ、嵐にあった王子様が迷い込んできました。王子様は優しくキスをして、白雪姫を深い眠りから目覚めさせました。
>
> （グリム童話『白雪姫』のあらすじ）

转："物語のクライマックス"

结："物語の結末"

（四）五段式结构

五段式结构实则是三段式结构的扩展，主要是对三段式结构中的"展开"部分进行进一步扩展。在撰写十分复杂的文章时，可以利用五段式结构充实材料，拓展观点，强化文章的说服力。

1. 开头

同三段式结构。

2. 展开

观点 A、观点 B、观点 C 及其论据。

3. 结尾

同三段式结构。

例如，三段式结构说明文的范文，可以在展开部分增加"○○市のホームページにおける多言語表示の問題点"这一材料，来进一步补充说明××市多语言标记的不足之处；或者具体叙述"○○市における多言語表示状況の優れた点"，对比衬托××市多语言标记的不足。此处不再列举范文。

安排展开部分的布局

文章的展开部分是文章的主体部分,展开部分的布局安排关系文章整体的走向。将材料按以下顺序布局,便可以使展开部分更简洁易读。

(一)时间顺序

将事件、行为、观察记录、操作、历史等相关材料按时间顺序排列。例如,介绍家乡时,可以按历史年代的顺序介绍。按照时间顺序展开是最自然的思维方式,但这样写出来的文章容易缺乏新意。因此,可以像推理小说一样,采取从事件、行为的结局开始回溯的手法,或者像科幻小说一样采取跳跃性的叙事手法。

下面范文中的画线部分,按时间线展示了作者观察日全食的过程。

> カナダの平原は雪で覆われて、右も左も真っ白であった。あまり家のないいなか道を横にそれて野原に出た。もう、あたりは暗く、ちょうど西に、生まれて初めて見る月の影が薄い雲の上に大きく映っていた。それが西から東に移ってくる。
> <u>そうこうするうちに</u>、この月の影が私たちの近くに迫ってきた。影の縁が私たちの上にきたときが皆既日食の始まりである。<u>その時</u>、細い新月のような太陽が、みるみるうちに小さくなり、一点に縮こまったかと思うと、大きなコロナが出始めた。これぞダイヤモンドリング。初めて見る美しいその光の輪に圧倒されてしまった。数学的にいえば、ちょうど第3象限、それよりも素人向きにいえば、時計の10時ごろの所に、大きなダイヤが輝き、あと時計をぐるっと取り巻いて、コロナがリングとなって輝いていた。
> <u>そのリングが月の後ろに消えた時に</u>、赤い紅炎が、時計でいうと、9時から12時の間にはっきりと見えた。それからの私たちは、もう幻想の世界にいた。表現できない美しさに圧倒されて、コロナと真っ黒

の太陽を見つめていた。その時間は約1分半。この紅炎が月に隠れて見えなくなると同時に、こんどは12時から3時の間に、別の紅炎が見え出した。自分たちの頭の上に夜があり、その周りに昼間がある。昼の光の中に、一部分だけぱっかりと夜の穴があいたようであった。そして、初めて昼の星を見ることもできた。

　やがて月は東にうつり、影の西側の縁が私たちの所にやってきた。夜が終わった。ちょうどその時、1時半くらいの所に再び大きなダイヤモンドが見え出した。すばらしい。100万ドルのリングであった。やがて輝いたダイヤモンドが、急に伸びて細い新月の形になった。皆既日食の終わりである。月の影は私たちの上を通り過ぎて東の方に去っていくのがはっきりと見えた。

　　　　　　　　　　　　　（佐藤大八郎「皆既日食見聞記」『科学朝日』による）

（二）空间顺序

　　将材料按照空间位置排列，比如描写风景、说明地理方位和物体构造的文章。在进行立体空间或物体的说明时，可以适当穿插一些图片，使说明更加具象化，以帮助读者理解。下面范文中的画线部分，从空间位置的视点展示了"矢瀬ムラ"周边的地理情况。

　矢瀬ムラは、標高393メートルの段丘上にある。東には利根川が悠々と流れ、南北は沢で区切られている。西には高さ約30メートルのがけがびえ立つ。約3 000平方メートルが発掘された。

　南端近くには、祭祀遺構とみられる2組以上の方形巨木柱列計15本と祭壇状の敷石が並ぶ。西隣には、しっかりした石組みをもつ広い水場がある。この遺構から北方を中心に30本以上の木柱、約50基の配石墓群が整然と配置されている。

　さらに、西から北にかけて10軒の住居跡が広がる。配石墓群の下にもやや時代の古い5軒の住居跡が見つかった。これは、600〜700年を通しての遺跡群。

　　　　　　　　　　　　　　　　　　　　　　（『朝日新聞』による）

（三）逻辑顺序

将材料按照逻辑顺序排列，主要有以下几种排列方式。

1. 原因—结果

先阐述原因再提示结果，或先叙述结果再阐述原因。

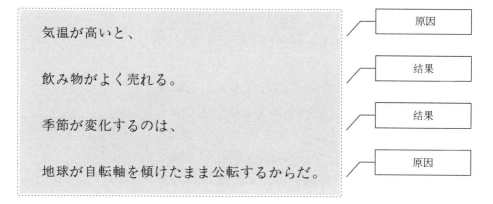

2. 问题—解决

先提出问题，再揭示问题的解决方法。

> 　　日中両国の相互理解を深めるために、どんなことができるのだろうか。
> 　　まず、特に中日友好の架け橋として日本語科の学生たちは、歴史を直面し、問題を解決し、未来を展望する義務がある。それから、両国国民がお互いの文化、風習などを理解できてから、お互いの立場から考えてから発言しなければならない。最後に、相互信頼に基づき、政府は誠心誠意に相手の国と付き合うのは鍵である。

問題："日中両国の相互理解を深めるための方法"

解決："3つの方法"

3. 原理—适用

先提出原理，再举出实际生活中运用该原理的例子。

> MRIは体内にある水素の原子核を構成する陽子から得られるエネルギーで断面図を作る方法です。人体の70％は水分でできていますが、病気になると体内の水分やその分布状態が微妙に変化します。体内にある水素原子の陽子は、通常はさまざまな方法を向いています。(中略)正常な組織と病巣部分ではエネルギーの放出速度が異なるためにMR信号に変化が生じます。MRIはそのMR信号の差異をキャッチして画像化するのです。
>
> MRIには次のような利点があります。①脳神経系の診断や、従来は鮮明な画像を得られなかった脊髄などの画像をシャープにとらえます。②横断面のみではなく、あらゆる方向から撮影できます。③Ｘ線造影剤を使わずに血管系の撮影ができます。④Ｘ線検査と異なり、人体への悪影響がほとんどないとされています。
>
> （桑田龍起「身近な化学を学ぶ」より）

— 原理："体内の水素原子の陽子の動き"

— 運用："MRIへの運用"

4. 一般—特殊

先叙述一般特征或原则，再叙述特殊情况；或先列举特殊情况，再与一般情况进行对比。

> 日本では、買い物をすると、本体価格のほかに、消費税も払わなければならない。
> しかし、この店では、消費税はすでに本体価格に含まれているので、払う必要がない。

— 一般

— 特殊

5. 事实—意见

先叙述事实，再提出意见；或者先阐述意见、主张，再列举具体事例。

> 「つまらない」ということばは中国の若者の間にもっともはやっている言葉になっている。おそらく一部の人にとっては、それらはすでに口癖になっているともいえるだろう。授業が少なく目標もないから、だらだら毎日をごまかしていく。一方、やるべきことがせまると、普段は怠ける習性が養ってしまったことで、すぐあきらめてしまうという現象がまわりの人にも常に見える。確かに、大学はある意味では、非常に落ち着かない環境と言えよう。自由で享楽的な生活の誘惑に迷う可能性もある。また、周りの人の影響で、勉強を嫌がり、仕事に対して責任を負わなくなるおそれもある。 ── 事実:"大学生活の様子"
>
> そのような環境の中でも、規則正しい生活リズムを作り、寂しさに耐え、自分の意志を貫き、ひたすらにやっていることに取り組む。そうしなければ、充実した大学生活を送ることができないと思う。 ── 意见:"充实した大学生活を送るのにすべきこと"

三 列出提纲

在基本构思完成后,还需要列出文章的提纲(アウトライン),将想要表述的内容、内容间的关系、表述的顺序等记录下来。提纲是文章的俯瞰图,通过提纲通览全文结构,可以帮助我们注意到构思不充分、逻辑关系有误的地方。

在文章内容很简单的情况下,直接将主要项目罗列出来即可,但在文章内容比较复杂时,则需要细分项目,区分内容的主次关系和各个项目之间的逻辑关系。为此,应在各个项目上附上相应的编号和文字。特别要注意使用不同类型的编号,例如,在下面提纲范例中,汉字数字"一、二、三"后面接的是章节主题,是支撑全文的核心;而阿拉伯数字"1、2、3"后面接的则是章

节主题的分论点,是从属部分。

　　文字方面,尽量使用简短的标题总结每项内容的中心,涉及的具体内容或使用的材料可以像下面的提纲范例一样,详细注解在每个标题之后。另外,标题也可以是一个完整的短句,给出每个项目的具体操作方法,如下面提纲范例中的"〇〇市内各地をめぐり、多言語表示に関する現地調査を行う""表示を配置する場所を変える"等句子。最后,每个项目之间要有关联,比如下面的提纲范例各个项目之间就形成了"提出具体事实—分析—得出结论—揭示问题—提出对策"的关系。

* **提纲范例**

〇〇市における多言語表示に関する調査

一、調査の目的と方法
　1. 海外観光者の増加による適切な多言語表示が必要となる
　2. 〇〇市内各地をめぐり、多言語表示に関する現地調査を行う
活字資料、写真撮影など
二、〇〇市内の多言語表示に関する調査
　1. 市内各地での調査
　① 多言語表示の分布と使用言語の数
駅から通りを経て園までの地域
中国語(簡体と繁体)、英語、韓国語の3言語が中心となる
　② 地名の表記の特徴
　③ 道しるべの表記の特徴
　④ 案内地図の言葉の使用特徴
　⑤ 観光地の歴史などの紹介における言葉の使用特徴
　2. 〇〇市のホームページでの調査
　① 使用言語の数
8つの言語
　② 言葉の使用特徴
三、〇〇市内の多言語表示の問題
　1. 対象言語にないことばを使っているところが多い
　2. 日本語のままにしていることが多い
　3. 訳が仕方が一致しないところが多い

四、改善するための対策
　1. 表示を配置する場所を変える
　2. 翻訳に携わる母語話者によるチェックを取り入れる

　　文章的结构有一定的规律可循,写作时有意识地运用这些结构,不断练习,自然会慢慢掌握。

练习

1. 为以「なぜ読書をするのか」为题的文章设计结构。

　　　　題目・課題：＿＿＿＿＿＿＿なぜ読書をするのか＿＿＿＿＿＿＿
　　　　主題文：＿＿＿＿＿＿＿＿＿＿＿＿＿＿＿＿＿＿＿＿＿＿＿

（1）構成を考えよう　　　　　**（2）材料の配置の仕方を考えよう**

（3）アウトラインを作ろう　　**（4）原稿を書こう**

第二部分

语言内知识篇

　　文章由各种语言要素组合而成,字组成词,词组成句子,句子组成段落,再由段落组成文章,可以说语言知识是写文章的基础。对于想要写好日语作文的学习者来说,日语的语言知识掌握得越牢固越好。无论这篇文章题目多么令人耳目一新,内容多么富有内涵,如果出现书写不规范、满篇语法错误的情况,都不会获得良好的评价。

　　语言内知识具体来说涉及以下几方面:一是文字、标点、格式,二是语句表达,三是段落划分,四是写作文体的选择等。掌握语言内知识是写作的基础,相关知识虽有规律可循,但是需要经过长时间的积累和训练才能被熟练运用。

第 4 课

规范文字、标点、书写格式

　　文字、标点、书写格式就像人的衣着和外貌，属于文章的外在形式，是决定文章给人的第一印象的重要因素。形式随意，会给人以草率敷衍的印象，让读者失去品味文章内容的耐心。

　　文字方面，日语写作中最常使用"漢字"（汉字）、"ひらがな"（平假名）、"カタカナ"（片假名）三种文字，三者的区分重要而复杂。例如，单词"何故""従って"明明可写作汉字，现代日语中却一般用平假名"なぜ""したがって"书写；而同样可写作汉字的单词"面皰"，却一般用片假名"ニキビ"书写。何时使用汉字，何时使用假名？理解并掌握文字的使用规则是日语写作的基础。另外，日语中存在同音异义的汉字，比如"表す"和"現す"都读"あらわす"，但二者的意义分别为"表示、表达"和"显露、露出"，汉字的书写也关系句子意思表达的正确性。同时，众所周知，中文汉字和日文汉字有或大或小的差异，例如"对"与"対"。平时要仔细观察每个汉字的写法，并在写作过程有意识地防止误写。

　　标点符号使用得当，有利于读者辨别句子成分，掌握语气，从而正确地理解文章。而过少使用或滥用标点符号，则会给读者带来阅读阻碍。因此，写作时一定不能轻视标点符号的使用规则。

　　书写格式方面，日文的书写格式可分为横向书写和纵向书写，二者的使用情景和规则不尽相同。

　　本课就以上问题整理了 10 个注意点。

一 不混淆中日文汉字

　　日语使用汉字给以中文为母语的日语学习者带来了很多便利，让我们不用像使用罗马字母的学习者那样，在汉字的学习上花费太多精力，但是日

文汉字在形态上和中文汉字并不完全相同。对于这一点,学习者已经有了一定的认识,只要平时做到细致观察,写作过程中加以留意,写完后注意检查,就基本能避免误用了。

1. 差异大的中日文汉字

过—過　　优—優　　进—進　　汉—漢　　识—識
征—徵　　历—歷　　洁—潔　　节—節　　极—極

2. 差异小的中日文汉字

说—説　　结—結　　贵—貴　　门—門　　包—包
骨—骨　　每—每　　对—対　　步—歩　　画—画

二 平衡汉字和假名的比例

　　文章中汉字过多,会在视觉和阅读上给读者造成很大压力,而如果全是表音的假名,也会给读者增加阅读负担。

　　例如,下面两段文章,第一段文章中"何時"有两种读法(いつ、なんじ),而"有難う御座います""為"等写法虽然没错,但在现代生活中已不太常见,这些地方使用汉字会使读者花费更多时间读取脑内知识。第二段文章则完全没有汉字,使得句子变长,使读者所需阅读时间增加,同时也出现了难以辨别的同音异义词,例如,"じしん"应该理解为"地震""自信"还是"自身"?"おこる"应该理解为"起こる"还是"怒る"?

> ❓ 何時も御覧頂き、有難う御座います。私は昨日ブログに上げる写真を撮る為に近所の公園に行って見ました。公園の中では沢山の人達が野球をしたり自転車に乗って遊んで居ました。

> ❓ おおきなじしんがおこると、でんしゃやバスなどがとまることがあります。いそいでいえにかえろうとしないで、かいしゃやだがっこうなどあんぜんなばしょでしばらくまってください。おおぜいのひとがおなじじかんにかえろうとすると、どうろやえきなどがこんできけ

> んだからです。テレビやインターネットなどでしらべて、あんぜんだとかくにんできてからかえりましょう。

　一般来说，日语文章中汉字、平假名、片假名的比例各占20%～30%、60%～70%、0%～10%为最佳。此比例可以利用网络工具进行检测。使用网页"漢字使用率チェッカー"（http://akind.dee.cc/kanjiritsuchk-input.html）对下面的文章检测后发现，文章中共有602个字，其中汉字190个，占31.6%，文章整体汉字和假名比例协调，阅读起来没有压迫感。

> 　朝、洗濯機を回す。洗ったものは部屋干しにするのが長年の習慣になってしまった。ずぼらだと言われれば一言もないが、同じような人は増えているのではないか。
> 　3年前のある調査では、一人暮らしの人の2割強が「一年中部屋干しのみ」と答えた。単身者も共働き家庭も増えている。衣類に花粉がつくと困る人も多い。屋内に干すしかない人が増えるのは道理だろう。
> 　ただ、洗濯物が嫌な臭いを放つ場合がある。防臭効果のある衣料用洗剤が定番となっている。速く乾くので臭いが出ないタオルとか、部屋干し用の送風機や除湿器など、関連商品もたくさんある。
> 　西日本に続き、関東がきのう梅雨入りした。大雨が降ったわけではないし、ひどくじめじめしたわけでもないが、空の色が青から白へきっぱり変わり、季節のページがめくられた実感があった。衣類が臭わないか、特に気になるシーズン到来である。
> 　もっとも洗濯の心配くらいなら何ほどのこともない。4月に強い地震のあった兵庫県の淡路島には、資金が足りなくて壊れた屋根を修理できず、青いシートで雨漏りをしのぐしかない被災者がいる。大阪の紙面が先日、伝えていた。
> 　うっとうしい時候ではあるが、雨は大地にとっては恵みである。それだけではない。〈五月雨に花橘のかをる夜は月澄む秋もさもあらばあれ〉崇徳院。雨夜の趣はすばらしい、秋の月なにするものぞ、という高らかな宣言だろう。この世に愛でなくていい季節などない。そう思うことにする。
> 　　　　　　　　　　　　　　　（「天声人語」『朝日新聞』により）

何时使用汉字、何时使用假名有大致的规则。

1. 最好使用汉字的情况

(1) 汉语词：从中国传入的词汇。

例：「比較」　　「学習」　　「表現」　　「消失」　　「建造」
　　「外出」　　「省略」　　「調整」　　「変更」　　「開始」

(2) 和语名词、和语动词、形容词、形容动词：对应汉字为常用汉字时用汉字书写(附录三)。如"喧嘩""靡く"等词中的汉字为非常用汉字，则一般使用平假名书写。

例：「荷物」　　「手紙」　　「豆」　　　「子供」　　「仕事」
　　「比べる」　「習う」　　「表す」　　「消える」　「建てる」
　　「高い」　　「白い」　　「悲しい」　「幼い」　　「美しい」
　　「静か」　　「清らか」　「晴れやか」「鮮やか」　「緩やか」

> **※ 例外**
> 部分单词中的汉字虽为常用汉字，但一般使用假名书写。
> (1) 部分代名词：「貴方・貴女・貴男」→「あなた」
> 　　　　　　　　「何処」→「どこ」
> 　　　　　　　　「誰」→「だれ」
> 　　　　　　　　「此れ」→「これ」
> (2) 部分形容词：「無い」→「ない」
> 　　　　　　　　「良い」→「いい」
> 　　　　　　　　「宜しい」→「よろしい」
> (3) 部分动词：「出来る」→「できる」
> 　　　　　　　「居る」→「いる」
> 　　　　　　　「成る」→「なる」

2. 最好使用平假名的情况

(1) 词缀。

例：前缀「御手数」→「お手数」
　　　　「御確認」→「ご確認」
　　后缀「わかり辛い」→「わかりづらい」
　　　　「食べ易い」→「食べやすい」

「言い難い」→「言いがたい」
「1日毎」→「1日ごと」
「4年振り」→「4年ぶり」

(2) 形式名词。

例:「事」→「友達を作ることは容易ではない」
「所」→「私はいま来たところです」
「物」→「時間が経つのは速いものだ」
「為」→「大雨のため中止とします」
「訳」→「行かないわけにはいかない」
「筈」→「彼はもう来ているはずだ」
「通り」→「言われたとおりにやってみる」
「上」→「相談したうえで決める」
「限り」→「生きているかぎり頑張る」
「方」→「兄のほうが高い」

(3) 补助动词(脱离词汇本身意义,用于表达语法功能、语法意义的词汇)。

例:「言う」→「こういうこともある」
「行く」→「試していく」
「来る」→「春がやってきた」
「頂く」→「お求めいただく」
「呉れる」→「セーターを買ってくれた」
「下さい」→「お座りください」
「見る」→「検討してみる」
「見せる」→「今度こそ成功してみせる」
「欲しい」→「電話してほしい」
「居る」→「走っている」
「過ぎない」→「序章にすぎない」

(4) 副词。

例:「何時も」→「いつも」　　「暫く」→「しばらく」
「既に」→「すでに」　　　　「最早」→「もはや」
「極めて」→「きわめて」　　「甚だ」→「はなはだ」
「余程」→「よほど」　　　　「滅多に」→「めったに」
「大分」→「だいぶ」　　　　「割りと」→「わりと」

「一寸」→「ちょっと」　　「沢山」→「たくさん」
「様々」→「さまざま」　　「色々な」→「いろいろな」
「段々」→「だんだん」　　「益々」→「ますます」
「概ね」→「おおむね」　　「大体」→「だいたい」
「殆ど」→「ほとんど」　　「丁度」→「ちょうど」
「随分」→「ずいぶん」　　「中々」→「なかなか」
「最も」→「もっとも」　　「一層」→「いっそう」
「敢えて」→「あえて」　　「却って」→「かえって」
「折角」→「せっかく」　　「予め」→「あらかじめ」
「必ず」→「かならず」　　「是非」→「ぜひ」
「殊に」→「ことに」　　　「更に」→「さらに」
「何だか」→「なんだか」　「何と」→「なんと」
「多分」→「たぶん」　　　「直ぐ」→「すぐ」
「一体」→「いったい」　　「何故」→「なぜ」

※ **例外**

汉语副词,多使用汉字书写。

例:「絶対に」　　「本当に」　　「普通」
　　「非常に」　　「案外」　　　「意外に」

(5) 接续词。

例:「或いは」→「あるいは」　　「及び」→「および」
　　「且つ」→「かつ」　　　　　「然し」→「しかし」
　　「従って」→「したがって」　「即ち」→「すなわち」
　　「但し」→「ただし」　　　　「尚」→「なお」
　　「又は」→「または」

(6) 连体词。

例:「或る」→「ある」　　　「如何なる」→「いかなる」
　　「所謂」→「いわゆる」　「此の」→「この」

(7) 助词。

例:「3万円位」→「3万円くらい」　「動物等」→「動物など」
　　「彼程」→「彼ほど」　　　　　「3時迄」→「3時まで」

(8) 问候语。

例:「有難う御座います」→「ありがとうございます」

「お早う御座います」→「おはようございます」
「御目出度う御座います」→「おめでとうございます」
「今日は」→「こんにちは」
「今晩は」→「こんばんは」
「左様なら」→「さようなら」
「宜敷く」→「よろしく」

按照以上规则，可以将本课开头的两段文章改写如下。经检测，汉字使用率分别为21%和25%，这样变得更容易阅读了。

いつもご覧いただき、ありがとうございます。私は昨日ブログにあげる写真を撮るために近所の公園に行ってみました。公園の中ではたくさんの人たちが野球をしたりサイクリングをして遊んでいました。

大きな地震が起こると、電車やバスなどが止まることがあります。急いで家に帰ろうとしないで、会社や学校など安全な場所でしばらく待ってください。大勢の人が同じ時間に帰ろうとすると、道や駅などが混んで危険だからです。テレビやインターネットで調べて、安全だと確認できてから帰りましょう。

三 重视汉字的意义

日语中有许多同音异形的词，由于各个汉字具有不同的意义，错误使用就会改变文章的原意，导致读者误解作者的表达意图。因此，在平时学习中就应该着重记忆和区分这些词。

例：「機械」—「器械」　　　「好意」—「厚意」
　　「受賞」—「授賞」　　　「鑑賞」—「観賞」
　　「修正」—「修整」　　　「解放」—「開放」
　　「空く」—「開く」　　　「伸びる」—「延びる」
　　「探す」—「捜す」　　　「直す」—「治す」
　　「破れる」—「敗れる」　「混じる」—「交じる」

「備える」—「供える」　　「謝る」—「誤る」
「早い」—「速い」　　　　「優しい」—「易しい」
「柔らかい」—「軟らかい」　「暖かい」—「温かい」
「硬い」—「固い」—「堅い」
「測る」—「計る」—「量る」
「暑い」—「熱い」—「厚い」—「篤い」

四 重视送假名的标注规则

单词中的送假名是日语学习比较难记忆的内容,记忆的偏差必然会导致书写错误。日本在 1973 年 6 月 18 日和 1981 年 10 月 1 日分别发布了送假名的标注规则,大致可总结如下(附录一)。

1. 动词、形容词、形容动词:从活用词尾开始标注

例:「走る」　　　词干"走",活用词尾"る"
　　「生きる」　　词干"生",活用词尾"きる"
　　「長い」　　　词干"長",活用词尾"い"
　　「主だ」　　　词干"主",活用词尾"だ"

> ※ 例外
> (1) 形容词:词干以假名"しい"结尾的从"し"开始标注。
> 例:「美しい」　「楽しい」　「嬉しい」　「優しい」
> 　　「正しい」　「新しい」　「涼しい」　「怪しい」
> (2) 形容动词:词干包含"か""やか""らか"的,从"か""やか""らか"开始标注。
> 例:「確かだ」　「厳かだ」　「鮮やかだ」　「賑やかだ」
> 　　「朗らかだ」「安らかだ」「速やかだ」「緩やかだ」

2. 名词:不标注送假名

例:「山」　「川」　「空」　「火」
　　「風」　「車」　「人」　「愛」

※ 例外

(1) 由动词、形容词、形容动词活用变化而来的名词，按变化规则在原位置标注送假名。

例：由动词活用而来的名词

「祭り」〔祭る〕　「釣り」〔釣る〕　「答え」〔答える〕

由形容词活用而来的名词

「近く」〔近い〕　「高さ」〔高い〕　「惜しげ」〔惜しい〕

「重み」〔重い〕　「美しさ」〔美しい〕　「親しみ」〔親しい〕

由形容动词活用而来的名词

「静かさ」〔静かだ〕　「真剣み」〔真剣だ〕

(2) 部分名词由其他词类活用变化而来，但不标注送假名。

例：「話」　「光」　「謡」　「趣」　「氷」　「印」
　　「頂」　「帯」　「畳」　「卸」　「煙」　「恋」
　　「志」　「次」　「隣」　「富」　「恥」　「舞」
　　「掛」　「割」　「折」　「係」　「組」　「巻」

不过，当这些名词保留了较强的动作性时仍然需要标注送假名，例如"組み""巻き""係り""光り""割り"等词汇。

例：「赤と白の組」

「お箸とお皿を組みにしている売る」

(3) 为了在读法上与相似单词进行区分，部分单词只标注最后一个送假名。

例：「辺り」—「辺」　　「後ろ」—「後」　　「斜め」—「斜」

「便り」—「便」　　「災い」—「災」　　「半ば」—「半」

3. 单词中的汉字和其他单词的汉字相同，且读音相同时，标注汉字以外的送假名

例：「開ける」—「開く」　　　「飛ばす」—「飛ぶ」

「動かす」—「動く」　　　「照らす」—「照る」

「汗ばむ」—「汗」　　　　「春めく」—「春」

「懐かしむ」—「懐かしい」　「欲しがる」—「欲しい」

「誇らしい」—「誇る」　　　「晴れやかだ」—「晴れる」

「恐ろしい」—「恐れる」　　「怪しい」—「怪しむ」

「柔らかい」—「柔らかだ」　　　「細かい」—「細かだ」
「重たい」—「重い」

4. 副词、接续词等标注末尾的送假名

要注意的是，前文第二节中已经提到，副词和接续词一般用平假名书写。

例：副词　　「必ず」　「更に」　「少し」　「既に」　「再び」
　　　　　　「全く」　「最も」
　　接续词　「及び」　「且つ」　「但し」

> ※ **例外**
> 部分词汇送假名的标注方式特殊，或不标注送假名。
> 例：「大いに」　　「直ちに」　　「並びに」　　「若しくは」
> 「又」（不标注送假名）

5. 复合词：按其成分原本所属词类的规则标注送假名

例：「書き抜く」　「流れ込む」　「申し込む」　「向かい合わせる」
　　「長引く」　　「若返る」　　「薄暗い」　　「早起き」
　　「裏切る」　　「旅立つ」　　「心細い」　　「墓参り」
　　「後ろ姿」　　「入り江」　　「独り言」　　「預かり金」
　　「飛び火」　　「教え子」　　「生き物」　　「落ち葉」
　　「物知り」　　「雨上がり」　「日当たり」　「夜明かし」
　　「手渡し」　　「愚か者」　　「石橋」　　　「寒空」
　　「行き帰り」　「乗り降り」　「抜け駆け」　「作り笑い」
　　「売り上げ」　「取り扱い」　「乗り換え」　「引き換え」
　　「歩み寄り」　「申し込み」　「移り変わり」「受け付け」
　　「粘り強い」　「聞き苦しい」「無理強い」　「待ち遠しい」

> ※ **例外**
> 惯用或已固定化的单词，可以不标注送假名。
> 例：「手引」　　　「手続」　　　「受付」　　　「落書」
> 「書留」　　　「待合室」　　「申込書」　　「取扱書」

五 不混淆中日文的标点符号

和中文写作一样,日语写作中标点符号必不可少。标点符号可以区别句子成分和语气,使文章易读易懂。日语中的标点符号和中文中的标点符号形态和用法大同小异(表 2-1、表 2-2)。

1. 点号类

表 2-1　点号对照表

基本用法	中文标点符号及名称	日文标点符号及名称
表示句子的结束	。(句号)	。(句点、マル)
表示句子内部的停顿	,逗号	、(読点、テン)
表示并列	、(顿号)	、(読点、テン) ・(中黒)
表示疑问、反问、质问的语气	?(问号)	。(句点、マル) ?(疑問符、クエスチョンマーク)
表示感叹、命令、惊讶的语气	!(感叹号)	。(句点、マル) !(感嘆符、エクスクラメーションマーク)

说明:
1. 日语中也有冒号(:)、分号(;)、逗号(,)等点号,但其源自西文标点,普通日语文章中较少用。
2. 表示并列时,日语使用顿号(、)的情况更多。
3. 普通日语文章中表示疑问、反问、质问的语气的问号(?),以及表示感叹、命令、惊讶的语气的感叹号(!)多由常用句号(。)代替。

2. 标号类

表 2-2　标号对照表

基本用法	中文标点符号及名称	日文标点符号及名称
表示直接引用的内容	"　" （引号）	「　」 （鍵かっこ）
表示会话部分		
表示需要着重论述的部分		
表示具有特殊含义的部分		
表示引号中需要再引用的部分	'　' （单引号）	『　』 （二重鍵かっこ）
表示书籍、文件、报刊等的名称	《　》 书名号	『　』 （二重鍵かっこ）
表示单篇文章、诗词、作文标题等		「　」 （鍵かっこ）
表示注释说明的部分	（　） （括号）	（　） （括弧、パーレン）
表示省略	…… （省略号）	…… （リーダー）
表示话语断断续续		
表示无言状态		
表示解释说明	—— （破折号）	—— （ダッシュ）
表示话题转换		
表示事项列举分承		
表示话语的中断或间隔		
表示声音的延长	—— （破折号）	〜 （波形、波ダッシュ）
表示范围、时间、区间的连接	—— （一字线）	〜 （波形、波ダッシュ）
	〜 （浪纹线）	

说明：
中文中表示范围、时间、区间的连接时更多用一字线（—）。

六　合理使用"読点"

日语中"読点"并没有严格的使用规则，多数时候依赖于写作者的感觉。

即便如此，我们仍然需要理解其在文章中的重要作用。"読点"最重要的作用就是防止误读，使文章变得更清晰易懂。然而，"読点"使用过多或过少都会让读者产生阅读压力。因此，把握好使用的度十分重要。

例如下面的两段文章。

　人間の体は、もともと、病気や疲れを、自然に、回復する力を、持っている。だけど、忙しかったり、生活が不規則だったり、気持ちが沈んでいたりすると、その力が、発揮できない。せっかくあるパワーを、利用しないのは、もったいない。だから、体の中にある力を引き出せよう、生活をほんの少し見直してみよう。まずは、食事と気持ちが、ポイント。脂肪、砂糖、カフェイン、加工品などを控えて、心をゆったりさせてみる。何を食べれないのか、といったことや、動いたほうがいいか、休んだほうがいいのか、ということは、本来、体が、一番よく知っている。その声を聞くためには、リラックスが必要。だから、試しに、何日がやってみると、体中に、ある力が、目覚めてくるのが、わかるはずだ。たった2、3日でも、その力が、感じられる。

　人間の体はもともと病気や疲れを自然に回復する力を持っている。だけど忙しかったり生活が不規則だったり気持ちが沈んでいたりするとその力が発揮できない。せっかくあるパワーを利用しないのはもったいない。だから体の中にある力を引き出せよう生活をほんの少し見直してみよう。まずは食事と気持ちがポイント。脂肪砂糖カフェイン加工品などを控えて心をゆったりさせてみる。何を食べれないいのかといったことや動いたほうがいいか休んだほうがいいのかということは本来体が一番よく知っている。その声を聞くためにはリラックスが必要だから、試しに何日がやってみると体中にある力が目覚めてくるのがわかるはずだ。たった2、3日でもその力が感じられる。

左边的文章处处散落着"読点"，而右边的文章基本没有使用"読点"，相同的是两篇文章都给人以阅读压力。例如，右边的文章中的"何を食べれないいのかといったことや動いたほうがいいか休んだほうがいいのかということは本来体が一番よく知っている"，句子十分长却没有用"読点"分

隔，需要反复阅读才能厘清"知っている"的宾语，从而理解文意。左边的文章中的"病気や疲れを、自然に、回復する力を、持っている"这句话本身不长，但主句的谓语部分"持っている"和主句宾语部分"力を"被逗号隔开，同时定语从句的谓语部分"回復する"和从句宾语部分"疲れを"也被拆分开来，让人一时难以分清谓语和宾语的对应关系。

一般来说，以下几种情况可以使用"読点"。

1. 修饰关系不明确时

? ① 先生は泣きながら逃げ出した生徒をつかまえました。
☑ ② 先生は、泣きながら逃げ出した生徒をつかまえました。
☑ ③ 先生は泣きながら、逃げ出した生徒をつかまえました。
? ④ 美しい水車小屋の娘。
☑ ⑤ 美しい、水車小屋の娘。

句①没有"読点"，难以判断"泣きながら"修饰的是"先生"还是"生徒"。句②将"読点"用在"先生は"之后，则可以判断"泣きながら"修饰的是"生徒"，而句③将"読点"用在"先生は泣きながら"之后，则修饰"先生"。句④⑤同样如此。如果不使用"読点"的话，"美しい"所修饰的词语既可以理解为"水車小屋"，也可以理解为"娘"。但如果在"美しい"之后使用"読点"的话，就能明确判断被修饰语是"娘"了。

2. 连续出现假名时

? ① ここではきものを脱いでください。
☑ ② ここでは、きものを脱いでください。
　　（ここでは着物を脱いでください）
☑ ③ ここで、はきものをぬいでください。
　　（ここで履物を脱いでください）

句①中连续出现假名"ここではきものを"，根据不同的断句方式可以有句②和句③的两种理解。

3. 主语很长，或主语和谓语间距离较远时

? ① 少年が白いバイクに乗って家の前を横切っていった。
☑ ② 少年が、白いバイクに乗って、家の前を横切っていった。

? ③ 生まれてからずっと大陸にいた彼は本物の海を知らないのも当然だ。

☑ ④ 生まれてからずっと大陸にいた彼は、本物の海を知らないのも当然だ。

要注意的是,主语和谓语距离很近时,不用特意使用逗号,如句子"少年が横切っていった"。

4. 表示条件、理由、目的等从句和复句之后

? ① 部屋を出ると外は激しい雨だった。

☑ ② 部屋を出ると、外は激しい雨だった。

? ③ 弁解してもむだなので終始黙っていた。

☑ ④ 弁解してもむだなので、終始黙っていた。

? ⑤ 大学に受かるために今日から受験勉強を始めることにした。

☑ ⑥ 大学に受かるために、今日から受験勉強を始めることにした。

5. 接续词之后

? ① ところであなたはこれに対してどのように思っているか。

☑ ② ところで、あなたはこれに対してどのように思っているか。

? ③ 物価は上がった。しかし給料は全然上がらない。

☑ ④ 物価は上がった。しかし、給料は全然上がらない。

6. 并列的事物之间

? ① 冬休みには、勉強のほか海外旅行映画鑑賞などもしました。

☑ ② 冬休みには、勉強のほか、海外旅行、映画鑑賞などもしました。

? ③ まんまるな顔でっぷりとした体。

☑ ④ まんまるな顔、でっぷりとした体。

7. 朗读时换气停顿的地方

? ① そのとき、お寺の鐘がゴーンゴーンと鳴り響いた。

☑ ② そのとき、お寺の鐘がゴーン、ゴーンと、鳴り響いた。

按照上述规则,可以将本节开头的文章修改如下。

> 人間の体は、もともと病気や疲れを自然に回復する力を持っている。だけど、忙しかったり、生活が不規則だったり、気持ちが沈んでいたりすると、その力が発揮できない。せっかくあるパワーを利用しないのはもったいない。だから、体の中にある力を引き出せよう、生活をほんの少し見直してみよう。まずは、食事と気持ちがポイント。脂肪、砂糖、カフェイン、加工品などを控えて、心をゆったりさせてみる。何を食べれないいのかといったことや、動いたほうがいいか、休んだほうがいいのかということは、本来体が一番よく知っている。その声を聞くためには、リラックスが必要。だから、試しに何日がやってみると、体中にある力が目覚めてくるのがわかるはずだ。たった2、3日でもその力が感じられる。

七 灵活利用各种符号

文章的表现力,一方面主要通过文字来体现,同时另一方面,"「 」""( )""——"等标点符号也能发挥提示作用,达到使特定文字更醒目的效果。

- ☑ ① これまで、さまざまな勉強法について紹介してきました。ですが、こうした学習メソッドは、「実際に」使わなければ、何の意味もありません。
- ☑ ② 今夜は流星群が見えると聞いたので、いつものメンバ(龍介、勇太、翔)で集まって、母校の校庭で見ることにした。
- ☑ ③ ドアを開けようとしたとき——
  「なっ、おまえは——」
  喋る前に、その口は塞がれた。

句①中用"「 」"将"実際に"括住,突显了作者希望读者注意到的内容,提醒读者不仅要学习理论知识,更要实际应用。句②中则使用"( )"对"メンバー"进行补充说明,避免了写出"龍介と勇太と翔、といういつものメン

バー"这样过长的定语,使文章内容更简洁明了。句③使用"——"表示人物进行"ドアを開ける"这个动作之前,其他人物已伺机先完成了"口を塞ぐ"的行为,演绎出一个紧张的动作场景。

然而,过多或错误地使用这些标点符号,反而会破坏文章的整体美感,还会影响阅读的流畅性,因此要注意标点符号的使用频率和规则。比如,下面第一个例子中,混杂着使用了各种各样的标点符号,让人眼花缭乱。

- ? 今日の昼食は「カレーライス」にしました。(本当は「ラーメン」を食べたかった——近くにありませんでした。)ちょっと高かったですが、おいしかったので、食べてよかったです。(1500円もしました)
- ☑ 今日の昼食はカレーライスにしました(本当はラーメンを食べたかったけれど、近くにありませんでした)。1500円で、ちょっと高かったですが、おいしかったので、食べてよかったです。

首先,"カレーライス""ラーメン"没有特殊含义,只不过是作者想吃的东西和实际吃的东西,没有必要用"「 」"括起来强调。其次,除参考文献资料出处以外,句号"。"应使用在"( )"之后,放在"( )"之前会使句子中断,影响阅读的连续性。最后,在末尾再次使用"( )"进行补充说明,反而让文章显得繁杂,可以将补充说明部分植入正文。

八 掌握横向和竖向书写格式

现代日语中有横向和竖向两种书写格式。横向书写多用于外语、数学、自然科学、音乐等领域的专业书籍,学校的教材,除了国语科目外,也基本是横向书写。竖向书写主要在书法、国语教材、小说、诗歌、戏曲等文艺作品以及报纸、书信中使用,下面两幅图分别截自文艺作品和报纸(图2-1、图2-2)。

11　第一回　小説家は寛容な人種なのか

小説について語ります、というと最初から話の間口が広くなりすぎてしまいそうなので、まずとりあえず小説家というものについて語ります。その方が具体的だし、目にも見えるし、比較的話が進めやすいのではないかと思います。

僕が見るところをごく率直に言わせていただきますと、小説家の多くは——もちろんすべてではありませんが——円満な人格と公正な視野を持ち合わせているとは言いがたい人々です。また見たところ、あまり大きな声では言えませんが、賞賛の対象にはなりにくい特殊な性向や、奇妙な生活習慣や行動様式を有している人々も、少なからずおられるようです。そして僕も含めてたいていの作家は（だいたい九二パーセントくらいじゃないかと僕は踏んでいるのですが）、それを実際に口に出すか出さないかは別にして、「自分がやっていること、書いているものがいちばん正しい。特別な例外は別にして、他の作家は多かれ少なかれみんな間違っている」と考え、そのような考えに従って日々の生活を送っています。こうした人々を友人や隣人として持ちた

図 2-1　村上春樹『職業としての小説家』

图 2-2 『東京新聞』

使用稿纸时,横向书写和竖向书写的格式大同小异,相关规则可以归纳如下(表2-3)。

表 2-3　横向书写和竖向书写稿纸使用规则

序号	项目	横向书写	竖向书写
1	标题	写在第1行或第2行,前面空3~4格	
2	作者姓名	写在标题下一行,姓和名之间空1格,名字后面留1~2格	
3	所属单位	班级写在名字之前,二者之间空1格; 学校和班级均须写时,学校和班级一行,姓名另起一行	
3	正文	写在姓名下1行,或空1行	
4	段落	开头空1格	
5	促音、拗音、长音	均占1格	
		写在格子左下方	写在格子右上方
			片假名长音"ー"旋转90°
6	数字	使用阿拉伯数字或汉字数字	使用汉字数字
		每1格填2个阿拉伯数字	
7	英文	1个大写字母占1格,2个小写字母占1格	
			顺时针旋转90°书写
8	点号	占1格	
		不能放在行首	
		"!""?"后面空1格	
		写在格子左下方	写在格子右上方
9	标号	占2格	
		"「""(""『"左半部分不能出现在行尾, "」"")""』"右半部分不能出现在行首	
			引号、书名号、括号、省略号、破折号旋转90°

1. 横向书写范文

　　　　　自分の人生は自分で選べ
　　　　　　　　　　　　○○大学　三年四組
　　　　　　　　　　　　　　　　　　李○○
　大学三年になって、どんな人生を選ぶのかについて、困る人は少なくないだろう。
　大学に入る前、家族や親戚に、「がんばれ!大学院に入れたら誇りに思うよ!」と言われた。社会や人生についてまったくわからなかった私は、その期待に背かないように、大学院に進学することを目標としていた。
　ところが、それから3年が経ち、多彩な大学生活を身をもって体験してきた私には、大きな変化があった。社団活動や社会実践を通じて、いろいろな人と出会い、さまざまな人生を見て、自分の意志でもっと多くの可能性を作り出したいと思うようになったのである。
　卒業後就職すると決意したが、父に反対されるだろう。（略）

2. 竖向书写范文

平和

三年四組　王〇〇

　祖父は混乱の戦争時代に育った人間である。十五歳のときに故郷を離れて軍隊に入り、生死の中をさまよう軍人になった。その後、中戦争と内戦を経験し、やっと命ながら平和日の生活を迎えることができた。時代のことを思い出すと、戦闘の中で友達が草と木の皮で命をつなぎ、祖父は涙ぐむ。あの国民が殺されるのを見て、そして絶望の淵に堕ちと私は「夢の中でも平和を待ち望む同胞が殺し合った」と父に語った。戦争のため、祖父は四人の兄弟と別れ離れになり、一人で他郷で家庭を築いた。そんな祖父の気持ちは、私には痛いほどわかる。静かで平和な生活というのは、祖父の世代の誰でも願うことだろう。（略）

3. 英文、数字横向书写格式

H	e	l	l	o		O	c	t	o	b	e	r		D	e	c	e	m	b	e	r			
20	20	年	4	月	1	日	午	後	3	時	50	分												

4. 英文、数字竖向书写格式

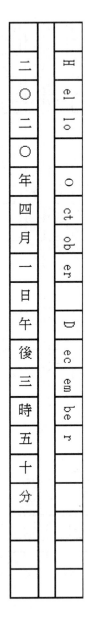

除了网格稿纸外，偶尔还会使用横线稿纸。这种情况下，除了标题应居中、英文可以连续书写外，其他方面与网格稿纸处理方法基本相同。

5. 横线书写范文

私の友達
三年四組　　張　〇〇
人間は友達がいなければ、この世の中で一歩でも進めないと思います。「あなたの一番仲のいい人はだれか」とよく聞かれます。それは、やはり高校の時に同じクラスにいたある男の子です。彼はユーモラスや思いやりをもつ人で、ともに過ごした二年の高校生活は、私にとって一生にわたっても忘れられない思い出です。
はじめて彼に会った場所は、高校一年の期末試験場でした。復習が充分に準備できていなかった私は、席に腰を下ろして悩んでいました。「不合格になったらどうしよう？」とイライラが止まりませんでした。周りは皆ほかのクラスの人だったから、緊張感がいっそう強くなりました。
その時、見るともなく前の人を見ていたら、「だれ？この人、超不細工じゃない」と叫び出さんばかりでした。（略）

练习

1. 找出下面文章中适宜用汉字书写的和适宜用假名书写的部分并对其进行修改。

　　自分がひどく落ち込んでいる時に、誰かにたのまれたら、あなたはきっぱりと「ノー」といえるか。「ノー」といえないとしたら、あなたは抱え込むタイプだと思った方が良い。自分にできない頼みや気乗りがしない頼みにはっきり「ノー」と言える勇気を持つ事は、自分の心に必要以上の負担をかけない為にとても大切な事だ。
　　ところが、「ノー」というのが苦手の人が多い。それは一部には文化的なしゅうかんからきているのだろうが、悩んでいる人が少なくない。
　　はっきりと「ノー」と言えない心の裏には、あいてに嫌われるのが恐怖している。この恐怖はそうかんたんには克服出来ないものかもしれない。然し、何時も自分の正直な気持ちをうやむやにし。相手のいうことを飲み込んでばかりいると、自分の本当の気持ちさえ分からなくなり、うつうつとしたきぶんに落ち込んでしまい易い。

2. 注意汉字和假名的比例，修改下面的文章。

　　とうじはいちねんでいちばんよるがながいひです。とうじにかぼちゃをたべると、かぜをひかないでふゆをげんきにすごすことができるとむかしからいわれています。
　　ことしのとうじの22にち、奈良県の大神神社は、お参まいにきたひとにたべてもらうため、かぼちゃのりょうりを1200はいよういしました。
　　あさはやくからおおぜいのひとがならびました。そして、おおきななべでにたかぼちゃをおいしそうにたべていました。
　　大阪府からおとうさんときたしょうがくせいのおんなのこは「かぼちゃはあたたかくてやわらかくておいしかったです。かぜはぜったいひきません」とげんきにはなしていました。

3. 在下面文章中适当的地方加上"読点"。

　　世界の中でも日本は祝日が非常に多いことで有名である。その数年間15日。先進国の中では断トツでたいたい他の国の倍近くあるそうである。世界有数の祝日の多さを誇る日本であるが、多くの国にあるのにないのが教師の日である。
　　儒教などでは師を尊敬すべしという教えがあり中国を中心に教師の日が存在する。月日は国によってさまざまであるが、儒教圏以外でも教師に尊敬の意を表し感謝する日としてマレーシアベトナムインドなどにも存在する。多くの国で教師の日は祝日で生徒たちや保護者などが先生の家を音ずれて花を送ったり感謝の意を表すとのこと。

4. 将下面文章分别誊写在横向和竖向稿纸上。

　　今年の春、羽田空港の国際線ターミナルの隣に、大きなホテルができる。ホテルの建物は12階建てで、国際線ターミナルと180mの通路でつながる。
　　建物の中には、高級なホテルと、仕事や家族で来る人が利用しやすいホテルができる。部屋の数は1 700以上で、日本の中ではとても大きいホテルになる。
　　ホテルには国際会議ができる場所や、飛行機や富士山を見ながら入ることができる風呂ができる。日本のいろいろなところに行くバスのターミナルもできる。
　　羽田空港では3月から国際線の飛行機が増える予定である。ホテルの会社の人は「外国から旅行に来る人がこれから増えると思うので、羽田空港をもっと便利にしたいです」と話している。

第二部分·第 4 课 规范文字、标点、书写格式

第5课

精简语句表达

语句是组成文章的基本单位，一般来说，须将多个语句组合起来才能表达完整的思想情感或陈述事件。为了准确表达思想感情或陈述事件，必须确保每个语句间有关联性且逻辑正确。如果语句过于复杂，读者在理解语句上花费过多精力，则难以深入理解文章的意图，更不要说通过文章的内容去发散自身思维了，因此同时要保证语句简洁易懂。

一 避免重复的表达

如果一个句子中重复出现同一个单词或句型，会让文章显得啰唆，缺乏节奏感。

（一）避免词汇的重复

句①中"時代"出现了两次，这种情况可以用近义词"頃"替代。句③短短的一个句子里出现了三次"である"，可以用近义词替换。

? ① スマホがこれほど普及していなかった時代は、ブログをパソコンで見る人が多く、記事をじっくりと読んでもらえるので、ブロガーには良い時代だった。

☑ ② スマホがこれほど普及していなかった頃は、ブログをパソコンで見る人が多く、記事をじっくりと読んでもらえるので、ブロガーには良い時代だった。

? ③ 人生は一度きりであるから、時間は大切にするべきであり、毎日を有意義に過ごすのが理想の生き方である。

☑ ④ 人生は一度きりなので、時間は大切にするべきで、毎日を有

意義に過ごすのが理想の生き方で<u>ある</u>。

（二）避免连用形的重复

句中过多使用连用形,会使从句间的关系模糊不清,可以使用近义表达接续。

- ❓ ① 夏に<u>なり</u>、喉が<u>乾きやすく</u>、暑さから汗をかきやすくも<u>なり</u>、冷たい飲み物を求めがち<u>で</u>、ついつい糖分の入ったジュースを選んでしまう。
- ☑ ② 夏に<u>なると</u>、喉が<u>乾きやすいし</u>、暑さから汗をかきやすくも<u>なり</u>、冷たい飲み物を求めがち<u>だから</u>、ついつい糖分の入ったジュースを選んでしまう。

（三）避免理由句、原因句的重复

一个句子中出现两个或以上的理由、原因时,第一个理由、原因用连用形,第二个理由、原因可用"ため""ので""から"表示。

- ❓ ① 昨年度以来、病状が<u>悪化するため</u>、精神状態が<u>不安定なため</u>、第三者との面談が不可能となった。
- ☑ ② 昨年度以来、病状が<u>悪化し</u>、精神状態が<u>不安定なため</u>、第三者との面談が不可能となった。

（四）避免条件句的重复

一个句子中出现两个或两个以上条件时,若均为顺接条件,则第一个条件用连用形表示;若为逆接条件,则第一个条件用"ても"表示。

- ❓ ① 商品の品質を<u>よくすれば</u>、新しいシステムを<u>導入すれば</u>、経営改善に役に立つことができるだろう。
- ☑ ② 商品の品質を<u>よくし</u>、新しいシステムを<u>導入すれば</u>、経営改善に役に立つことができるだろう。

? ③ 価格を安く<u>設定すれば</u>、品質が<u>よくなければ</u>、長期的な利益を収めることができない。

☑ ④ 価格を安く<u>設定しても</u>、品質が<u>よくなければ</u>、長期的な利益を収めることができない。

二 避免使用过于复杂的句子

句子太复杂不仅会给读者增加阅读的负担,还会使文章脉络显得杂乱无章。为了避免出现此种情况,应当特别注意以下几点。

(一) 句子不能太长

句子过长时,应该在合适的地方对句子进行分割,同时要注意使用恰当的接续词,确保前后句子关系明确。

? ① ブログの記事は、読者に強い印象を与え、長く記憶させる力を持つべきだと<u>思うのですが</u>、そのことを、風花式で言い換えるならば「言葉は一本の矢であるべきである」となるのですが、言葉の連なりが文章になり、ブログの記事となり、読者に一度読まれたら、泡のように消えてしまうのでは<u>空しいし</u>、読まれても、読者の心を揺さぶることもできず、一瞬のうちに忘れさられてしまう記事は、<u>不幸だと言えますから</u>、風花としては、記事は一本の矢となり、読者のハートに突き刺さるくらいの鋭さと強さを持つべきだと主張したいのです。

☑ ② ブログの記事は、読者に強い印象を与え、長く記憶させる力を持つべきだ<u>と思います</u>。そのことを、風花式で言い換えるならば「言葉は一本の矢であるべきである」となります。言葉の連なりが文章になり、ブログの記事となり、読者に一度読まれたら、泡のように消えてしまうのでは<u>空しい</u>。また、読まれても、読者の心を揺さぶることもできず、一瞬のうちに忘れさられてしまう記事は、不幸<u>だと言えます</u>。ですから、風花としては、記事は一本の矢となり、読者のハートに突き刺さるくらいの鋭さ

と強さを持つべきだと主張したいのです。

（二）主谓语距离不能太远

主语和谓语是句子的骨干部分。一般来说，读者读到主语时便会不自觉地寻找相应的谓语，如果主语和谓语离得太远，文章内容复杂，就难以确定主语所对应的谓语，这样会让读者产生混乱。

?　① ある映画評論家は、日本はかつて質の高い映画がたくさん作られ、映画王国であったけれども、その原動力になったのは、すぐれた映画監督が大勢いたからであって、現在の映画の衰退の原因は優秀な映画監督が少ないことが原因だから、日本の映画を復活させるためには、まずは国が政策として、映画監督を育成することに力を注ぐべきだと主張している。

☑　② ある映画評論家は、次のように主張している。日本はかつて質の高い映画がたくさん作られ、映画王国であった。その原動力になったのは、すぐれた映画監督が大勢いたからである。現在の映画の衰退の最大の原因は、優秀な映画監督が少ないことである。したがって、日本の映画を復活させるためには、まずは国が政策として、映画監督を育成することに力を注ぐべきだという。

句①里出现了五个主语，分别是主句主语"評論家は"和从句主语"日本は""その原動力になったのは""現在の映画の衰退の原因は""日本の映画を復活させるためには"。与主句主语"評論家は"相对应的谓语是"主張している"，为了找到这个谓语，读者不得不越过其他四个从句的主语和与其对应的谓语，既耗费时间又易混淆主谓关系。如果将其修改为句②，使谓语"主張している"紧跟主语"映画評論家は"之后，再在后文中分条具体叙述观点，作者的意图便能更明了地传达给读者了。

（三）修饰语和被修饰语的距离不能太远

修饰语和被修饰语的距离太远也会增加读者阅读的负担，难以准确传

达作者的意图，一定要尽量使修饰语靠近被修饰语。

? ① 彼は30歳のときに某名門大学で講師を務めている女性と結婚されています。

☑ ② 彼は、某名門大学で講師を30歳のときに務めている女性とに結婚されています。

☑ ③ 彼は某名門大学で講師を務めている女性と30歳のときに結婚されています。

句①中的状语"30歳のときに"既可以修饰"務めている"，又可以修饰"結婚されています"，对此，读者可以有两种理解，即句②的"女性"在30岁时是大学讲师，以及句③的"彼"是在30岁时结的婚。

（四）修饰语不能太长

文章表现力很大程度取决于作者对修饰语的驾驭能力，但是，如果一味地堆砌修饰语，而不重视修饰语的长度，忽视修饰语和被修饰语间的平衡，会适得其反，使文章内容变得难懂。因此，修饰语要尽量简短，尽量紧挨被修饰语。

? ① 新しく広報部長が企画したコラボレーションは、実際に人気ワインメーカーの社員の方がご自宅でも作っている「お酒のアレンジレシピ」を特集した、画期的なインパクトと継続性を兼ね備えた期待のキャンペーンです。

☑ ② 新しく広報部長が企画したコラボレーションは、実際に人気ワインメーカーの社員の方がご自宅でも作っている「お酒のアレンジレシピ」の特集です。これは画期的なインパクトと継続性を兼ね備えた期待のキャンペーンです。

句①中修饰"キャンペーン"的定语句"人気ワインメーカーの社員の方がご自宅でも作っている「お酒のアレンジレシピ」を特集した、画期的なインパクトと継続性を兼ね備えた期待の"由两部分构成，长度过长，并且其中还包含了一个定语从句"社員の方がご自宅でも作っている"以修饰"お酒のアレンジレシピ"，连续出现两个修饰成分让文章变得很复杂。此时可以参照句②，将句子拆分成两个单句。

（五）名词化

日语中，形容词和形容词句、动词和动词句作主语或宾语时需要进行名词化变形，常用的方法是在其后添加形式名词"こと""の"，但是，频繁出现"こと""の"会使句子变得冗长复杂，例如句①。

? ① 本稿では、<u>家庭用ゲーム機が普及したということ</u>の理由について調べた。その結果、<u>ゲームストーリーのが単純であること</u>や、<u>コントローラーが操作しやすいこと</u>などが<u>プレーヤーの年齢が低くなりつつあること</u>とあいまって、普及の大きな理由になっていることが明らかになった。

☑ ② 本稿では、<u>家庭用ゲーム機の普及の理由</u>について調べた。その結果、<u>ゲームストーリーの単純さ</u>や、<u>コントローラーの操作しやすさ</u>などがプレーヤーの<u>低年齢化</u>とあいまって、普及の大きな理由になっていることが明らかになった。

为了避免重复使用形式名词"こと""の"，可以使用以下名词化方法，让句子更简洁。

1. 动词

(1) 使用动词连用形（注意确认连用形名词是否存在，如名词"食べ"是不存在的）。

例:「表れる」—「表れ」　　　「遅れる」—「遅れ」
　　「高まる」—「高まり」　　「伸びる」—「伸び」
　　「広がる」—「広がり」　　「まとめる」—「まとめ」

(2) 使用对应的汉语名词。

例:「上がる」—「上昇」　　　「下がる」—「低下」
　　「減らす」—「削減」　　　「減る」—「減少」
　　「増える」—「増加」　　　「調査する」—「調査」

2. 形容词、形容动词：词干加"さ"

例:「明るい」—「明るさ」　　「大きい」—「大きさ」
　　「きびしい」—「きびしさ」「元気な」—「元気さ」

「大切な」—「大切さ」　　　「便利な」—「便利さ」

3. 句子：使用"名词（＋格助词）＋の＋名词"的形式

? ① 首相がどんな病気なのか、まだ公表されていない。
☑ ② 首相の病名はまだ公表されていない。
? ③ 首相が今年中に職務に復帰できるかどうか、今の時点ではわからない。
☑ ④ 首相の今年中の職務への復帰は、今の時点ではわからない。

4. 名词化和助词

将句子名词化时需要适当地变化助词，规则如下。
(1) "が/を"变为"の"。
　　a. 子供の数が減ることにより、教員を採用することも減っている。
　　a′. 子供の数の減少により、教員の採用も減っている。
(2) "と/から/まで/で"变为"との/からの/までの/での"；"へ/に"变为"への"
　　a. ライバルと競争することによって、実力を伸ばすことができる。
　　a′. ライバルとの競争によって、実力を伸ばすことができる。
　　b. 異質なものに反発する心は、知らないものに対する恐れから来る。
　　b′. 異質なものへの反発心は、知らないものに対する恐れから来る。
(3) 形容动词的副词形"に"变为"な"。
　　a′. 気温が急速に変化することは、異常気象を招く恐れがある。
　　b. 気温の急速な変化は、異常気象を招く恐れがある。

三 避免首尾不一致的句子

和中文不同，日语的主语一般出现在句子开头，谓语出现在句子末尾，因此，学习者在写作时常不自觉地出现首尾不一致的现象。句子首尾不呼

应会给人以句子没有结束、不流畅之感。下面是需要前后呼应的典型例子。

（一）主谓呼应

1. "～とは、～ことだ/である"（下定义）

- ☑ 少子化とは、出生率の低下に伴い、総人口に占める子供の数が少なくなることである。

2. "～原因/目的の一つは、～ことだ/である"（阐述原因、目的）

- ☑ 少子化が進んでいる原因の一つは、結婚しない若者が増えていることである。

3. "私/筆者は、～と考える/思う"（提出主张）

- ☑ 筆者は、結婚しない若者の増加だけが少子化の原因ではないと考える。

4. "～を調べたところ/結果、～ことがわかった/明らかになった"（叙述调查结果）

- ☑ 資料を調べた結果、子育ての環境整備の遅れも少子化の要因になっていることがわかった。

（二）副词、接续词、疑问词等的呼应

另外，副词、接续词、疑问词等也有相应的呼应表达（表 2-4）。

表 2-4　呼应表达一览表

否定	全然、決して、少しも、大して、ろくに、めったに、一度も、必ずしも、あながち、一概に、とうてい	ない
期待、愿望、依赖	ぜひ、どうか、どうぞ	たい、てください、てほしい
	どうか	てほしい、てください
	どうぞ	てください

续表

推量	必ず	する、はずだ、に違いない
	きっと	する、だろう、はずだ、に違いない
	たぶん、おそらく	だろう、と思う
	もしかすると、もしかしたら、ひょっとすると、ひょっとしたら	かもしれない、のではないか
比喻	まるで、あたかも	ようだ、みたいだ
假定	もし、仮に、万一	たら、ば、ても/でも
	たとえ、いくら、どんなに	ても/でも
理由	なぜなら、なぜかというと、というのは、というのも	からだ、ためだ
传闻	～によると、～によれば、～の話では	そうだ、らしい、ということだ、という
疑问	なぜ、どうして、いつ、どこ、だれ、何、どのように、どのくらい	か

四 避免关系不明确的句子

为了准确表达作者的思想情感，防止读者误解文意，文章的表达除了应尽量简洁以外，还要保证句子与句子间的关系明晰。可以采用以下方法标明句子间的关系。

（一）选择恰当的接续词

接续词主要起承上启下的作用。日语接续词的分类因研究者而异，在这里将其大致分为七类。

1. 顺接型：前面句子的内容和预想的结果与后句的描述一致

例：「だから」　　「それで」　　「ゆえに」　　「そこで」
　　「すると」　　「したがって」「よって」

2. 逆接型：前面句子内容和预想的结果与后句描述的情况相反

例：「が」　　　　「だが」　　　　「しかし」　　　　「けれど」
　　「けれども」　「だけど」　　　「ところが」　　　「とはいえ」
　　「それでも」

3. 并列、添加型：前后两个句子描述的内容相同或相似，或者后句是前句的补充

例：「また」　　　「そして」　　　「それから」　　　「それに」
　　「その上」　　「さらに」　　　「なお」　　　　　「かつ」
　　「しかも」　　「および」　　　「ならびに」

4. 同列型：前后两句内容重复，只是换了一种表述方式

例：「つまり」　　「すなわち」　　「要するに」　　　「いわば」
　　「言い換えれば」

5. 对比、选择型：前后两句为对照或比较关系

例：「そのかわり」「むしろ」　　　「いっぽう」　　　「それに対して」
　　「もしくは」　「または」　　　「あるいは」　　　「それとも」

6. 补足型：前句内容不充分，用后句对其进行补充

例：「そういえば」「ひいては」　　「なぜなら」　　　「ちなみに」
　　「ついでながら」

7. 转换型：前一个话题、场面、行为结束，转换到其他话题

例：「さて」　　　「ところで」　　「では」　　　　　「それでは」
　　「次に」　　　「ときに」

接续词对内容的表达、文章的连贯性起着重要作用，但过度使用会产生累赘之感，在句子间的关系清楚时不必特意使用接续词。例如，句①，删除"しかし""ただし"以外的其他接续词也不会对文意产生影响。

？　① 私は人前で話すのがうまくない。<u>したがって</u>、スピーチを頼

まれても、たいていの場合は断ることにしている。しかし、カラオケになるとなぜか手が勝手にマイクを握ってしまうのだ。しかも、一度歌い出したらもう止まらないのが私の困った癖である。ただし、私の歌はあまりうまいとはいえない。むしろ、下手の横好きといってよいだろう。

☑ ② 私は人前で話すのがうまくない。スピーチを頼まれても、たいていの場合は断ることにしている。しかし、カラオケになるとなぜか手が勝手にマイクを握ってしまうのだ。一度歌い出したらもう止まらないのが私の困った癖である。ただし、私の歌はあまりうまいとはいえない。下手の横好きといってよいだろう。

另外，错误使用接续词也会导致读者对文意产生误读。例如，下面句①中，前后句的关系是以"近年、健康志向がますます高まっている"这个事实为契机，出现了"有機野菜を栽培する農家を訪ねてみることにした"这个行为。而"そして"连接的是两个相继发生的事态，或性质相似的两个事物，与这两个句子间的关系不对应，应换为"そこで"。

？ ① 近年、健康志向がますます高まっている。そして、有機野菜を栽培する農家を訪ねてみることにした。

☑ ② 近年、健康志向がますます高まっている。そこで、有機野菜を栽培する農家を訪ねてみることにした。

（二）正确使用指示词

指示词不仅能明示前后句内容间的关系，还能起到强调文章主题、避免重复表达的作用。

日语中有"あ系"（あの、あれ、あそこ……）、"そ系"（その、それ、そこ……）、"こ系"（この、これ、ここ……）三类指示词。用法可以分为"现场指示"和"文脉指示"。"现场指示"是以说话人眼前的事物、人物、空间等为指示对象，与空间、距离有关的用法；"文脉指示"是以谈话或文章提到的事物为指示对象，与文章的脉络有关的用法。写作主要与文脉指示的用法有关系。

1. 文章中一般不使用"あ系"指示词

"あ系"指示词指代的是写作者和读者双方都知晓的事物,但文章以向读者传达其未知的信息为主,因此一般不使用"あ系"指示词。

2. 使用"こ系"指示词的情况

(1) 指代后文出现的事物。

- ☑ たしかに、私たちヨーロッパ人がアメリカに行ったならば、私たちにはそれを乗り越えるのにもっと長くかかるでしょう。というのも、私たちはアメリカ人よりも強く土地に固執しているからです。これはたんに心理学における自然法則なのです。またこういうこともあります。あなたは良い友人を見つける。ところが、しばらくすると彼の背後に一種の続き部屋が見つかって、そこから多くの不愉快な事柄の数々がやってくる。

(2) 指代与文章中的"私""今""ここ""今論じているもの/こと"相关的事物。

在指代与"文章を書いている私の～""今この文章で論じていること/もの"等相关的内容时,使用"こ系"指示词。比如,"このレポート""この表""この図""ここでは、～ということを主張する"等。

- ☑ 前章においては経済学とは何かを説明したが、この章においては経済問題について論じる。
- ☑ 調査の結果を表したのが表1である。この表から次のようなことがわかる。
- ☑ ここでは、これまでの私自身の経験などもまじえながら身近にいる人間をいくつかのタイプに分けてみたい。

(3) 指代文章的主题。

"この"为前文中已经出现过的词汇,有示意此名词是文章主题的作用。比如,从下面的例子可以看出,"淋しい狩人"即为文章的主题。

- ☑ 明子は、父の未完の絶筆『淋しい狩人』の単行本を持っていた。サイコ・キラー的連続殺人が起こるこの小説は、解決編にあたるうしろ三分の一の部分が失踪のため執筆されず、未完のまま

遺族によって自費出版されていた。この『淋しい狩人』を読んだらしい人物からのはがきを、明子はイワさんに見せる。

(4) 总结前文内容。

所叙述的内容结束，并需要对其做总结时，可使用"このように""こうして""このようなことから"等表达。

- ☑ キッチンは、高温多湿になりやすいうえ、カビの栄養源も豊富で、カビが繁殖するのに好ましい条件がそろっています。なかでもカビが生えやすいのが、流しの下。ここに置いた液体調味料のビンや油容器の液ダレは、カビの格好の栄養源になります。液ダレの汚れだと思っていた黒い跡が、実はカビだったということもあります。また、ステンレスには本来カビは生えないものですが、シンクの中に油汚れや食べ物のカスなどがついていると、その汚れの上にカビが生えてきます。このように、キッチンは予想以上にカビで汚染されています。

3. 使用"そ系"指示词的情况

(1) 代替前文中出现的语句，避免重复使用。

- ☑ 景気変動についての理論を知っていれば、まだ知らない国の景気変動や将来の景気変動についても、その本質的な性質を推測ことができるであろう。
- ☑ 昭和30年のエンゲル係数は49、昭和45年のそれは34となっている。

(2) 叙述与前文观点相反的内容。

后文从与前文不同的观点对主题进行叙述时，可在"その"后直接后续代表主题的词汇。此用法还多伴有意外的语气。

- ☑ この当時は、各省庁が自前の大学や学校を持っていた。法学校、工部大学校、札幌農学校などがそれで、東京大学もその一種にすぎなかった。したがって、この頃の東大を出ても、何かの特権などが与えられたわけではなかったのである。ところが、その東京大学が帝国大学に変わるや否や、その性格が一変する。

(3) 指代空想的、假定的内容。

- 花形産業がいつの間にか時代遅れになって衰退してしまうのは珍しいことではない。産業にも企業にもライフサイクルがある。その産業が生まれてしばらくの幼年期、そして伸び盛りの成長期、成熟期を経て老齢化していく。

（三）使用"のだ"句

除以上两种方式以外，还可以使用"のだ"句表明前后句之间的关系。"のだ"句的功能多样，包括叙述前句内容的原因、理由、依据，对前句进行补充解释，总结段落，等等。

1. 叙述前句的原因、理由、依据

叙述某件事以后，可以使用"のだ"句提示其原因、理由、依据的情况，以避免出现原因、理由、依据不明确的情况。

- 理沙が席をはずしたとき、女の子は前と変わらず私に耳打ちした。「なんか借金の問題は、かたをつけたんですって」私は驚いた。理沙の借金の額はかなりのものだったはずである。そんなに早く払えるとは思わなかったのである。

2. 对前句的补充解说、解释、结论

叙述完某个事实、主张、观点后，可使用"のだ"句对事实进行补充解释，或归纳得出的结论，常与"つまり""すなわち""言い換えれば"等表达一同出现。

- 悲劇は、その瞬間に起きた。ベランダに走りこんできた女の子が、ワッという声をあげて、庶務課長の腰を突いたのだ。
- とはいえ宋にとって最大の外交課題は、モンゴル高原と東北地方を支配するキタイ（契丹）人の帝国・遼から万里の長城の南縁部の領上を取り戻すことだった。ところが十一世紀初頭、宋は遼に敗北。毎年大量の銀や絹を贈ることを約してしまう。すなわち、莫大な金で平和を買う政策に転じたのである。

3. 总结段落

使用"のだ"句还能对段落的内容进行总结,凸显段落的中心思想,常与"このように"等搭配使用。

- ☑ しかし、水道管にしても、水あか、さびによる途中でのつまりが発生します。配水管では、汚物や時にはトイレでは溶けにくい紙の使用によるつまり、あるいは水あか、ヘドロによる管のつまりがあります。そうすると圧力がかかった継ぎ目から水が漏れます。無落雪屋根の場合、建主さんが点検していないために、葉っぱや砂がつまって水が漏れるというのが多いパターンです。<u>このように</u>、建築屋の施工のせいではない原因で水漏れするケースは結構多い<u>のです</u>。

五 避免含糊不清的表述

(一) 分清事实和意见

一篇有说服力的文章,必须明确表达作者的意见和事实根据。"事实"是无论谁都不能否定的客观存在;"意见"则多掺杂着主观臆测。文章中事实和意见混杂不清,不仅会使文章本身逻辑混乱,甚至会使读者怀疑文章内容的可信度。

- ? ① 今回のミスは、互いのコミュニケーション不足が原因で起こったものだ<u>と思います</u>。クライアントからの企画変更の申し出を受けた営業部が、ソフト開発部にうまく連携していなかっ<u>たようです</u>。
- ☑ ② 今回のミスは、互いのコミュニケーション不足が原因で起こったもの<u>です</u>。次の点でお互いの意思疎通が<u>うまくいっていませんでした</u>。
  - ● 企画の変更をソフト開発部に伝えようしたが、プロジェクトリーダーが不在<u>だった</u>。

- 伝言を依頼したが、誤解して伝わった。
- 営業部とソフト開発部が確認の連絡を取らなかった。

句①意在向读者解释"ミス"的缘由，要求说清楚事实，却使用了"と思います""ようです"等表示主观推测的表达，显得十分没有说服力。叙述事实根据时应使用判断句，同时有关事实的原委应尽量详细地表述出来。将句①修改为句②，说服力大大增加。

如果强调客观事实是从他处获得，则可使用"～によると/によれば/の話では、～そうだ/らしい"等句型。

- ☑ 厚生労働省の統計によると、日本の離婚率は、十五年前に比べると、二倍になっているらしい。
- ☑ 医者の話では、頭痛は二、三日で治まり、その後は正常に戻るそうだ。

（二）区别自身的观点和他人的观点

陈述意见类文章强调个人见解的独特性，在表述时如果未能清楚区分自身的观点和他人的观点，就有可能被认为抄袭、剽窃他人作品。因此，在发表意见时，需要运用恰当的表达方式将二者区分开来，以提高文章的客观性、可信度。

1. 他人的观点、一般性的观点

叙述他人或一般性观点、主张时，谓语部分的"～と思っている""～と思われている""～と考えている""～と言われている"等使用テイル形。

- ☑ 一般に、「科学の知識や研究結果は正しい」と思われている。
- ☑ 考古学者は、土器の製作は人類にとっての大きな驚異であったと考えている。

2. 自身的观点

和叙述他人观点时的情况不同，叙述自身的观点时，谓语部分用"～と思う""～と考える""～と思われる""～と考えられる"等ル形。

(1)"～と考える""～と考えられる""と言える""～と思う""～と思われる"。

"～と考える""～と考えられる""と言える"比"～と思う""～と思われる"客観性更强。特别是在文章开头及结论部分,明确表达自身观点时常用"～と考える"。

- ☑ 福島原発事故によって、各地の原発が運転停止に追い込まれ、全国的電力不足が起きている。そのため、政府や企業の節電対策はもちろん、各家庭での節電も必要だと<u>考える</u>。
- ☑ 私はもともと、日本の食べ物があまり好きではなかった。でも、日本で生活しているうちに、自然に食べられるようになってきた。考えてみると、ただ食べたことがなくて、慣れていないかったということかもしれない。何でも初めから「嫌いだ」と思わないで、何にでも挑戦したほうがいい<u>と思う</u>。

(2)"～ように思う""～ように思われる""～ように感じる""～かもしれない"。

叙述主观性强的观点和委婉表达主张时使用,过多使用会给人以不可信之感,需要十分注意。

- ☑ たしかに、不安や悩みがあるとき、占いは一時的に気持ちを楽にしてくれる。しかし、それはあくまでも一時的なものであり、決して根本的な解決にならないだろう。何より不安や悩みを相談する相手が、家族や友人ではなく、占い師であるという状況は異常ではないだろうか。私は、占いに頼る日本の若者の姿に、「コミュニケーション能力」を養う力を失った、現代の家庭や社会の問題が反映されている<u>ように思われる</u>。
- ☑ 私は、子供やお年寄りなどを除き、ほとんどの人が吹き替えより字幕を好むと思っていたが、必ずしもそうではないらしい。レンタルビデオショップへ行くと、大ヒットした映画やコメディーは吹き替え版と字幕版の両方が用意されている。確かに、早口のせりふや、なまり、だじゃれなどのおもしろみは、吹き替えのほうが自然に伝わる<u>のかもしれない</u>。

(3)"～だろう""～はずである""～にちがいない"。

表达自身的推测时使用，其中"にちがいない"的肯定语气最强烈。

- ☑ 日本のテレビ番組でもっとも印象的なもの、大食いの番組だ。おいしそうな料理を目標を完成するために苦しそうな顔で無理に食べている人たちを見ていると、食欲がなくなる。番組を見ている人が皆私と同じように感じているとしたら、紹介されたレストランにも宣伝効果はない<u>だろう</u>。それに、食べている人も、あれほど大量に食べては健康に悪い<u>に違いない</u>。
- ☑ 20世紀初頭には15億人程度だった世界人口が、20世紀末の現在では60億人近くになった。この割合で人口増加を続けていくと、あと2000年ほどで人間の総重量は地球の質量と等しくなってしまう。地球ではなく人球というわけだが、地球の上に地球と同じ重さの人類が生活することが可能かどうか、考えなくてもわかるはずである。

（4）委婉地表达自身推测、主张时使用"〜のではないか（と思う）""のではないだろうか"。

- ☑ 学力低下の原因は、ゆとり教育だけでなく、親たちの経済状況も<u>あるのではないだろうか</u>。2002年は、バブル経済崩壊後の不況が続き、企業の倒産やリストラで生活が苦しい家庭が増え、親たちのストレスも大きくなっていた時期である。このように、厳しい家庭環境の中で、子供たちが学力を維持することは難しかっただろう。したがって、子供たちを取り巻くさまざまな環境を考慮したうえで、教育性格を考えていくことが<u>必要なのではないだろうか</u>。
- ☑ 最近の若者はマナーが悪いという話をよく聞くが、私はそんなことはないと思う。私はファーストフード店で働いているので、周りには若い人が多いのだが、真面目で親切な人ばかりだ。あいさつもきちんとするし、自分が悪いと思ったらすぐ謝る。<u>皆誤解しているのではないか</u>。

练习

1. 找出重复表达的部分并修改。

(1) 彼は野心的であるため、周囲と妥協できない性格であるため、どんな職業に就いても長続きしなかった。

(2) 外国へ行けば、地元の人と交流しないならば、語学力は上がらないだろう。

2. 将下面的句子修改为更简洁的句子。

(1)「光害」とは、街明かりのために天体観測ができなくなったり、農作物や動植物の生態に影響を及ぼす公害のことで、エネルギーの浪費をしているので、最近は地球温暖化防止の観点で注目されている。

(2) マイバッグ運動は主婦層の間には広がっているが、若い人やコンビニ利用者の間ではあまり普及しておらず、レジ袋の有料化の施行も九日の法律で決められておらず、有料か無料かも店によってばらばらであるため、さらに運動を進める必要がある。

3. 找出前后不一致的部分并进行修改。

(1) 友達の仕事は、電気設備のメンテナンスをしている。

(2) 私はその記事を読んで、どうしてその少年はそんな事件を起こしたと考えた。

(3) ある調査によると、現代は結婚しない女性が増えている。

4. 选择恰当的接续词。

(1) 環境のためにレジ袋を断る人の数は世代によって違うようだが、どの程度差があるのかは不明である。(そして、そこで)、各世代の人々に、アンケート調査を行ってみた。

(2) 今の日本では、非正規雇用が珍しくなり、教育にお金をかけられない貧困家庭が増えている。(すなわち、また)、勉強する機会に恵まれず、社会で活躍する機会を失ってしまう子供も多くなって

いる。これでは、日本が成熟した社会になっていくことは難しいだろう。(そのため、その結果)、国内のすべての国公立の学校で、授業料、給食費、教材費、修学旅行費などを無料にするほか、学用品の現物支給をするなど、本当の意味での無料化を行い、未来を担う子供たちを社会全体で支えていくことが必要である。

5. 选择恰当的表达。

(1) 最近、携帯電話によるいじめが深刻になっているため、携帯の持ち込みを禁止する学校が増えている。しかし、中高生を対象にした調査によると、半数の生徒が「携帯所持を禁止してもいじめは減らない」と(考える・考えている)という。

(2) 近年、家庭での親子のコミュニケーションが薄れていると言われるが、筆者は、家庭での会話量が子供の学力に影響を与えている(と思う・と考える)。そこで、それに関する調査を行った。

第6课

清楚划分段落

　　一篇文章通常由多个段落组成,写作者只有将某个现象、事实,或自身的某个想法、意见等用一个段落总结起来,同时将这些段落有序、有条理地组织起来,才能形成一篇事实清楚、观点明确的文章。段落划分适当贴切,可以使文章有层次感,并且清晰地体现作者的思路。

　　段落最基本的功能,就是阐述支撑主题的材料、相关观点等。因此,段落不能游离于文章的大主题之外,必须为论述文章大主题服务。同时,段落的长短、段落和段落之间的紧密度等各个要素,也一起构成了文章的整体韵律。

一　必须划分段落

　　时常会看到一些文章,有两页,却没有分段。这样的文章,不仅会给读者带来强烈的视觉压迫感,使读者丧失读完整篇文章的动力,还让人难以判断哪里是内容的分隔点,干扰读者对文意的理解,不利于作者自身意图的传达。

　　除了一些具有特殊写作意图的文章以外,一般文章都要划分段落。分段有助于读者理解文章,从这个意义上来说,它和标点符号的功能相似,所以段落有时也被称为"文章的标点"。只是标点符号更多的是帮助读者理解句子,而段落则是帮助读者理解文章的整体结构。另一方面,从写作者的角度来看,可以说段落的划分反映了作者自身对文章结构和内容的掌握程度。

　　下面这篇文章虽然划分了两个段落,但每个段落还是过长,给读者带来的视觉负担较重,阅读起来较吃力。

「美しい」ということは何か？ 美しさを感じさせるものについて考えてみましょう。詩の上だけではなくて、すべての場合について考えてみましょう。わたくしたちは、「美しい」ということばが大すきです。「美しい人生」「美しい愛」などと、美しさをもつことをのぞんでいます。でもほんとのところ、その美しさの意味について、あまり深く考えていないのではないでしょうか。美しい景色をみて思わず、「きれいね」と口に出て、楽しい思いになる、それでもう十分と思いますが、そのたのしい思いにさせてくれるものの姿を、たしかめてみましょう。美しいものと、美しくないものと、わたしはいま自分の部屋を見まわして、よりわけてみました。机の上のペン皿にあるえんぴつ、何本かのえんぴつの中で美しく目にうつるのは、けずりたてのえんぴつです。シンがまるくなったり、折れたままのは美しいとは思えません。お皿に盛ったバナナは、あざやかな黄の色をしていて美しい。でも実を食べてしまった皮は、皮になった瞬間に、もう美しいとは思えませんし、色もたちまち黒ずんできたなくなってしまいます。けずりたてのえんぴつが美しく目にうつるのは、「どうぞ、いつでもすぐに使えますよ」と、すぐに役に立つ姿を見せてくれているからでしょう。バナナの皮も、中に実をつつんでいるという、使命をもっているときは美しいのですが、その使命が終わって皮だけになった瞬間に美しくなくなります。

　こうしたことを思うと、人に快い感動をあたえる美しさとは、そのものが役に立つという姿を見せているというところにあるのではないかと思われます。花が美しい、木々が美しいというのは、その命の美しさを感じるところにあります。命とは活動することであって、つまり、役目をはたしている姿です。花も木も、せいいっぱいに生き、そして自分たちの子孫を永続させるために、花を咲かせ、実をならし、その命を充実させて、活動しているのです。わたくしたちは働く人を美しいと見ます。どんなにどろんこでも、汗みどろでも、働く姿は美しい。どろんこも、汗も、働く姿の美しさを引きたてます。これは、働くという行為が、活動そのものであり、役だつ使命をはたすことであり、汗もどろんこもまた、そのためにあるからです。でも、働くことをやめて、

食卓にむかったときの、汗みどろ、どろんこは、きたない、もう美しくは目にうつりません。このときの、どろんこや汗は労働という中味をとってしまったあとの残り物、バナナの皮みたいな存在になってしまったからでしょう。食事をするという行為にどろんこは不要です。そこで、きれいにさっぱりと洗いおとさなければなりません。ですから、同じものでもそのものが、そのものとして役に立たない場所にあるときは、美しく目にうつりません。髪の毛は頭にあるから美しい。ぬけ落ちた髪の毛が、食物の中にでもはいっていたら、とてもゆううつです。ショーウインドーの商品がみな美しく見えるのは、「このとおり、役に立ちますよ」と、マネキンに着せてきせたりして、たのしく、わかりやすく飾られてあるからでしょう。わたくしたちのおしゃれや、動作、マナーなども、その場にふさわしく、役に立つかたちであるとき、美しく見えるのです。急ぐときは、優美な動作が美しく、人にものを訪ねるときは、その人に教わるという気持ちをあらわすのに必要な謙虚な動作、教えるときは相手によくわかるようにする動作が、気持ちよく美しくうつります。

二 不宜过多划分段落

　　与上述不划分段落的情况相反,有时也会看到一些将段落划分得过多、过细的文章。过多段落划分和不划分段落的文章存在的问题一样,就是让读者难以判断内容的转换点。比如下面这篇文章,每段基本由一句话组成,内容和形式上都显得很散漫,读者要花费时间才能理清楚段落间的关系。

　　先日、東京行きの新幹線の車内で「私ごとで恐縮ではございますが……」という車内放送がありました。
　　何事か、と思って耳をそばだてていましたら「毎日のように列車に乗務しているのですが、今日ほど富士山が素晴らしく美しい日はめったにございません。いま進行方向左手に見えております。どうぞ存分にご観賞ください」というのでした。

第二部分・第6课　清楚划分段落

　　前の日から寒波襲来で、いただきから7合目あたりまですっぴりと雪化粧をした富士山です。
　　そのとき私は、ヒマラヤ登山隊の様子を描いた小説を読んでいる最中でした。
　　酸素の足りない空気や、大規模ななだれとの苦闘を重ねながら、山頂に迫る姿を克明にとらえた作品です。
　　雪に包まれた高い山の魅力にとりつかれた男たちの物語です。
　　そのせいか、車内放送に教えられて見つめた富士山は、ことのほか美しく見えました。
　　ひとによっては、このような車内放送も余計なおせっかいに聞こえるかも知れません。あまりくどかったり、押しつけがましかったりしたら、そう感じる人も増えるでしょう。
　　でも、このときの車内放送は年期の入った専務車掌さんの声らしくて、ひとりでも多くの乗客とともにみごとに富士山をながめたい、という気持ちがこもっていました。
　　新幹線にしても、ジェット機にしてもほとんど人手に頼らず、機械装置だけで、運行できるようになってきています。
　　バスの案内放送でも録音テープに吹き込んだのが、自動的に流れる仕組みになっています。
　　でも、ときとしてパイロットや、運転士さんや、車掌さんの生の声が流れるとなんだかほっとさせられます。
　　機械化が進めば進むほど、生身の人間の果たす役割が大切になっている、とはいえないでしょうか。
　　公私混同はよくないことですが、だからといって定められた通りの車内放送しかなかったとしたら、乗客もせっかくの景色を見過ごしてしまうことになるでしょう。
　　「私ごとで恐縮」ではじまった、車内放送のおかげで、終点に着くまで、晴れ晴れとした気分にひたることができました。

　　一般来说，日文的每个段落字数在300—400字是比较适中的。注意以下几种情况需要划分段落。
　　① 提示新的论点或问题点时。

② 阐述新的主张或观点时。
③ 改变立场或转换视点时。
④ 叙述新的对象时。
⑤ 转变时间、地点、事件、人物及其行为时。
⑥ 从叙述事实向阐述观点、意见转换时。

三 保证一个段落一个话题

段落传达的是与文章大主题相关的一个个小主题,段落的主题可以是以人物、事物、客观事实或主观见解等为中心的话题。一般来说,新段落有提醒读者话题转换的作用,相反,一个段落一直持续的话,读者也会认为同一个话题仍在持续。因此,不同的话题需要分段写,一个段落里最好只阐述一个话题。如果一个段落里出现多个话题,很大原因可以归结为写作者脑海里还没有将要表达的内容整理好,为此,写作者在写作前就应整理、确定好每个段落的内容。

比如下面的一段话里面就出现了"牧场的环境"和"放牧的方法"两个话题,可以从"牧場には、親牛が80頭"处开始分段,将两部分内容分别叙述。

> A氏の牧場は、標高差100メートルの山の斜面にある。地表は、大きな石が至る所むき出しのままである。牧場には、土木機械を入れて整地した跡もない。わき水をたたえた小さな池も、手入れの跡がない。すべてが自然のままの環境である。牧場には、親牛が80頭、子牛が10頭ほどいる。まかれた牧草の種は、牛の蹄で地面に踏み込まれる。牛という自然が行う農法である。発芽した牧草は、牛に食べられて短くなったほうがよく育つ。根を蹄で踏み切られても、そこから新しい根が出て増えるのだ。

四 突出段落的主题

为了突出段落的主题,需要在段落中设置中心句。中心句能帮助读者把握段落的主要内容,甚至使其一边预测内容一边阅读,从而提升阅读速

度,加深对文章的理解。同时,对于写作者来说,有意识地设置中心句,也可以防止写作途中偏离主题的情况发生。

另外,一个段落中除了中心句外,还应有支撑句,有时还可以设置总结句。其中,支撑句一般为多个句子,而总结句一般适用于较长的段落,较短的段落也可以不设置总结句。各类句子并非独立存在,互相之间应该是有关联性、相互配合的,特别是支撑句一定要围绕中心句展开,为阐述主题服务。段落中各类句子的功能如下所示(图2-3)。

```
              ┌──────┐
              │ 段落 │
              └──────┘
   ┌────────────┼────────────┐
┌──────┐    ┌──────┐    ┌──────┐
│中心句│    │支撑句│    │总结句│
├──────┤    ├──────┤    ├──────┤
│表明全│    │围绕主│    │呼应中│
│段主要│    │题添加│    │心句内│
│内容或│    │材料以│    │容或概│
│中心话│    │支撑中│    │括段落│
│题。  │    │心句。│    │内容。│
└──────┘    └──────┘    └──────┘
```

图2-3　段落中各类句子功能

段落的中心句常出现于段首,但我们也可以根据文章内容、叙述顺序等,将中心句放在段落中间或段落的最后。下面文章的画线部分即中心句。

> 　　<u>一九九〇年の初めには、ユーゴが統一国家を維持できないことがますます明らかになってきた。</u>ソ連が内部崩壊し、ベルリンの壁が取り壊された。それとともにもたらされた「自由の力」は、ユーゴの多くの地域では、異なった意味合いを帯びた。たとえば、スロベニアとクロアチアでは、ソ連や共産主義からの解放だけではなく、首都ベオグラードによる支配からの解放をも意味した。したがって、スロベニアとクロアチアは、ユーゴ連邦を離脱し、「独立」を目指したのである。

> 　　天気予報は当てにならないと言われていたのはもう昔の話のようだ。これは観測技術の進歩によるものだろう。<u>問題は信用されるべき人が、実はそれほどしんようされていないという事実だ。</u>政治家の

15％というのは、占いの20％よりも低かったわけで、いかに信用されていないかがわかる。それに、教師の数字も気になる。医者の81％、警察の65％に対して、教師は58％で6割に達していないのだ。せめて医者と肩を並べる程度にはなってほしいものだ。

　ともあれ、現代日本語において用いられている「的」をつけた漢語、それはほとんどが日本製の漢語で、中国語とまたく別の日本語なのである。その中にはたとえば「理想的生活」などの「理想的」の例のように、ごくまれには中国語として用いられるものもあるにしても、しかしそれもまた日本語に発する漢語であることにはかわりない。このような、日本独自のことばを大量に生み出した裏面には、日本人独特の体質というものを感じとることができる。ともかく「的」の文化は、日本特有のものである。

五　斟酌段落间的衔接

　　文章由多个段落组成,段落与段落之间不是随意衔接的,特别在写议论文、说明文等逻辑性较强的文章时,更要重视段落间的关联性。接续词体现了句子之间的逻辑关系,在增强文章层次感方面发挥着至关重要的作用。因此,写作中在向新段落过渡时,也可以运用恰当的接续词,通过转折、对比、列举、并列、话题转换等方式来体现段落间的关联性(接续词相关内容可参考本书第二部分第5课)。

　　下面的范文很好地体现了段落间的接续词的使用方法。文章在第二段提出了"日本では電車のなかで目を閉じている人が多かった"的观点,接着通过表示转折关系的接续词"けれども"发起新段落,并提出"目を閉じるのは日本人が気分を集中するときのひとつのくせでもある"这一新观点。之后的两个段落以表示并列的接续词"また"和表示对比的接续词"その一方"开头,对新观点加以说明扩展,并进一步归纳出"目をつむるということも多義的である"这一主张。最后,用表示话题转换的接续词"ところで"将话题重新转移回文章开始第一段的内容,呼应主题"日本人の視線の変化"。

近ごろ日本人の視線の変化が気になっている。正確に調べたわけではないが、電車の座席にすわって目を閉じている人がへってきたように思うのだ。

　もともと日本では電車のなかで目を閉じている人が多かった。もちろん、みんなが居眠りしているわけではなく、たいていは他人と目があって気づまりなおもいをしないようにして、少しでもくつろぐためであったり、かんがえごとにふけったりするためだろう。実際、狭い電車のなかでは、少しでもすいてくると、すぐに他人の目が気になってくるのである。

　けれども、目を閉じるのは日本人が気分を集中するときのひとつのくせでもある。会議の席などで、話し手のほかは当然のようにみんな目をつむっていることがあるが、注意深く聞きいっているのか、ほんとうに眠ってしまっているのか、見わけるのはむずかしい。なかには、きいていることを表示しようというわけでもあるまいが、目をつむったままご丁寧にあいづちをうつ人もいる。

　また、日本語では知らぬふりをすることをたとえて「目をつむる」というが、公共の乗り物のなかでは、席をゆずるのが当然のお年寄りや子どもをだいた女性などが来ると、本当に見て見ぬふりをするために、目をつむってタヌキねいりをする人もいる。

　その一方で、電車に乗っている間中、せっせと鼻の掃除をする人や、自分の髪をかたときも休まずにいじくる若い女性など、目を開けて見てはいられないイメージにしばしば出くわすのも事実だろう。

　このように、目をつむるということも、目を開けてみるのにおとらず、多義的である。

　他者と対面する場面で目をつむる週間はほかの社会にも見られる。東南アジアでも一般に相手の顔を見ながら話をすることはあまりないようだが、北部タイのルー族を研究したアメリカの人類学者モアマンは、かれらのあいだで会話の際に相手の顔をまっすぐに見るのは若い男だけで、ほとんどの人はうつろな中空を見つめているように見えるといっている。とくに、影響力のある人間は、自分が話すときも、人の話を聞くときも、しばしば目を閉じているのだという。

> ところで、電車のなかで目を閉じている人がへってきたというはじめにふれたわたしの印象が事実だとすれば、それは日本人のまなざしのどのような変化を表しだしているのだろうか。案外、不躾なテレビが見せるあけすけなイメージに慣らされて、私たちのまなざしまで不躾になっているような気がするのだ。

练习

1. 阅读本课第一篇范文，在适当的地方划分段落。

2. 阅读本课第二篇范文，在适当的地方划分段落。

第 7 课

正确选择表达形态

语言活动分为对话活动和写作活动。前者使用声音,后者使用文字传达信息和思想情感。对话活动中使用的语言称为口语(話し言葉),写作活动中使用的语言称为书面语(書き言葉)。口语和书面语存在差异,写作的时候使用口语会给人轻率之感,口语和书面语混用的文章又会给人以不协调感。一篇好的文章,一定要把握好口语和书面语的区别。

此外,即便同是写作活动,写作形式、写作目的也是多种多样的,因此,不同种类文章使用的书面语的形态也不尽相同。

一 对话和写作

对话活动和写作活动的特征不同。对话活动中一般存在交谈的对象,十分追求交流的效率,且口语的产出是一个即时的过程,因此口语中常会出现简化形或助词省略等现象。另外,对话中即便出现表达的意思模糊不清、错乱、句子不完整等现象,也不会妨碍交流,因为听者可以通过现场的情景及说话人的动作、表情、声调等判断出说话人想表达的意思,因此口语常常显得不太规范。而另一方面,写作是写作者凭借一词一句单方面向读者传递信息的活动,且文章若被印刷或公开发表,就难以修正有误的信息,因此,比起效率,写作活动要求表达的准确性、严谨性、逻辑性。

不过,同样是写作活动,根据文章种类不同,使用的书面语的生硬度也有变化。比如,随笔、日记等日常的写作一般使用较柔和的书面语(柔らかい書き言葉),而学术论文、法律条文等专业性文章则使用较正式的书面语(硬い書き言葉)。下面是一些例子(表 2-5)。

表 2-5　口语与书面语对应表(1)

口语	书面语	
	柔和的书面语	生硬的书面语
このごろ	最近	近年
ちょっと	少し	多少
どんな	どういう	どのような
なんで	どうして	なぜ
どっち	どちら	いずれ
こんな	こういう	このような、こうした
そんな	そういう	そのような、そうした
でも、けど	けれども	だが、が、しかし
あと	また、それから、それに	さらに、そのうえ、それに加えて
～から	～から	～ので、～ため
～たら	～たら	～ば、～と
朝飯を食う	朝ご飯を食べる	朝食をとる
多くなる	増える	増加する
いい方法	よい方法	賢明な方法

此外,写作中还有一些易误用的口语和对应的书面语,需要特别注意(表 2-6)。

表 2-6　口语与书面语对应表(2)

词性	口语	书面语
副词	やっぱり	やはり
	全然	まったく
	一番	もっとも
	たぶん	おそらく
	絶対に	必ず
	もっと	さらに
	だいたい	約、およそ
	いつも	常に
	全部	すべて

续表

词性		口语	书面语
副词		やっと	ようやく
		ちゃんと	きちんと、正しく
		だんだん	次第に、徐々に
		どんどん	急速に
指示词		こんなに、そんなに、あんなに	これほど、それほど、あれほど
接续词		ですから、だから	そのため、したがって
		じゃあ	では
		だって	なぜなら
中顿形	动词	昼は大学に通って、夜は働いた	昼は大学に通い、夜は働いた
		上着を持たないで、出かけた	上着を持たずに出かけた
		台風が近づいていて、危険だ	台風が近づいており、危険だ
		寝ていなくて、調子が悪い	寝ておらず、調子が悪い
	形容词	交通がよくて、物価が高い	交通がよく、物価が高い
		値段も高くなくて、味もいい	値段も高くなく、味もいい
	形容动词、名词	この問題は簡単で、時間もかからない	この問題は簡単であり、時間もかからない
		その点は問題ではなくて、別の点が問題なのだ	その点は問題ではなく、別の点が問題なのだ
其他		～じゃない	～ではない
		～んじゃないか	～のではないか
		～ちゃう	～てしまう
		～ちゃいけない	～てはいけない
		～なきゃならない	～なければならない
		～とく	～ておく
		～てる	～ている
		って	という、と、というのは
		とか	など

二 敬体和简体

同时，还应注意句末的形态，也就是文体的统一性。文体分为"敬体"（です·ます体）和"常体"（だ·である体）（表 2-7）。指导作文时，要求学生使用常体的情况比较常见，但实际上也应视文章的种类而定，最关键的是要保持整篇文章文体的统一性。

表 2-7　敬体与简体对应表

词性	敬体	常体	
	です·ます体	だ体	である体
名词	問題です	問題だ	問題である
	問題でした	問題だった	問題であった
	問題ではありません	問題ではない	
	問題ではありませんでした	問題ではなった	
形容词	新しいです	新しい	
	新しかったです	新しかった	
	新しくないです 新しくありません	新しくない	
	新しくなかったです 新しくありませんでした	新しくなかった	
形容动词	安全です	安全だ	安全である
	安全でした	安全だった	安全であった
	安全ではありません	安全ではない	
	安全ではありませんでした	安全ではなかった	
动词	書きます	書く	
	書きません	書かない	
	書きました	書いた	
	書きませんでした	書かなかった	
其他	言えるのです	言えるのだ	言えるのである
	必要なのではありませんか	必要なのではないか	
	言えるでしょう	言えるだろう	言えるであろう
	考えましょう	考えよう	

在选择日语文章的表达形态时,在考虑上述书面语的正式程度和文体两个条件的基础上,还需要综合考虑文章适用的场合、作者与读者的亲密度等要素。

三 日常性写作——选择多样

(一) 日常阅读——常体、较柔和的书面语

小说、报纸、商品说明书、旅游指南等日常生活中经常阅读的文章用常体,使用的书面语相对比较柔和。

* 小说

> 今西と吉村との二人は渋谷駅から井の頭線に乗った。途中の下北沢駅で小田急に乗り換え、六つ目の駅でおりた。
> 　駅前の短い商店街を通ると、このあたりは新開地らしい住宅地が雑木林の間に点在していた。稲が色づいていた。
> 　下バスが通る道を二人は歩いた。
> 　稲田の向こうに住宅があり、その後ろに林がつづき、また住宅の丘が続いた。郊外らしい地形だった。
>
> (松本清張『砂の器』)

* 报纸

> 米航空宇宙局(NASA)は16日までに、地球とほぼ同じサイズで、岩石でできた太陽系外惑星を発見したと発表した。温度は水が液体の状態で存在できると推定され、これまで見つかった系外惑星の中で、大きさと温度の双方で最も地球に近い条件だという。
>
> (『時事通信』)

* 旅游指南

> 世界自然遺産白神山地の核心部とほぼ同様の生態系をもつ『白神の森遊山道』。親子で一緒に気軽にあるけるコースとして人気が高く、ブナの鼓動を聞くための聴診器が設置されていたり、クマの爪痕が見つかることも。
>
> 　　　　　　　　　　　　　　　　　　　　　　　　　　（『青森県』）

（二）日常记录——常体/敬体、较柔和的书面语

日记、读书感想、随笔、博客等记录日常生活的文章同样使用较柔和的书面语，但文体选择相对自由，考虑有读者阅读时可以选择敬体。

* 日记

> ○月×日
> 朝から雨が降っていてだるい。仕事に行くと欠勤している人が多かった。○○課長に言われた事が気にかかってちょっと落ち着かない。帰宅して息子とお風呂。また背が伸びてる気がして嬉しいような寂しさ。たまにはということで妻とビール。久しぶりにゆっくり話ができた。

* 读书感想

> この本は、私に次のような問いかけを与えてくれました。それは「戦争を望む人間はいない。しかし太古の昔から科学が発達した今日にいたるまで戦争はなくなってはいない、それはなぜか」という問いです。物語そのものは……

* 随笔

> 私には大切な約束があります。亡くなったおばあちゃんと交わした約束です。おばあちゃんは3年前、原因も不明で治療法も見つかっていない難病にかかりました。どんどん弱っていくおばあちゃんを見

て、いつも会う度に涙を流してしまいました。私はおばあちゃんにとって初めての孫だったためとてもかわいがられました。風邪を引くと仕事で忙しい母にかわって、面倒を見てくれました。おばあちゃん家に行く度に何かおもちゃを買ってくれたり、好きな食べ物をいっぱい作ってくれたり……。だけど怒る時はきちんと怒ってくれる、本当に優しくて大好きなおばあちゃんでした。

(『胸の中で生きる約束』)

* 博客

　僕はもっと歳をとって文章が書けなくなって、まだ生きれそうだったら、小さな本屋をしたい。テーマはひとつ、「人生を変えた本」。今書いている医者の物語(ドクターの肖像)にも、岐路に読んだ本がたくさん出てくる。自我に目覚めたとき読んだ本、人助けに目覚めさせられた本、医者になろうと思った本。医師に限らず、誰にも人生を変えた本があるだろう。それをテーマした小さな本屋を開きたい。ぜひやりたい。そのためには良い文をもっと書かないといけない。今日もがんばります。

(cotoba『小さな本屋の奇跡』)

(三) 日常交流往来

1. 亲切感——敬体、较柔和的书面语

给关系亲密的亲戚朋友寄的书信和发的邮件,一般使用敬体和较柔和的书面语。

* 给朋友的书信

鈴木さんへ
　お久しぶりです。お元気ですか?
　先週、沖縄へ旅行に行ってきました。もう秋なのに、さすが沖縄。暖かったですよ。最近仕事が忙しかったので、久しぶりに羽を伸ばせました。

少しですけど、お土産を一緒に送ります。お口に合うと良いですね。近々またご飯でも行きましょう。

それでは、また。

2. 严肃感——敬体、较正式的书面语

我们与客户、上司之间的关系和与亲朋好友的关系不同,给客户、上司的书信和邮件更具严肃感,应使用敬体和较正式的书面语。另外,表达拒绝、致歉、请求等,较易对人际交往产生影响的意向时,更要注意保持严肃感。

* 给客户的邮件

○○株式会社

営業部　○○様

平素より、大変お世話になっております。株式会社××営業部の佐藤です。

販促キャンペーン企画提案の件について、現在までの進行状況をお尋ねしたく、ご連絡差し上げました。

先週始めに、資料として弊社カタログをお送りしましたが、進行具合はいかがでしょうか。

○月○日の販促本会議の前に改めて、提案内容を拝見できればと思っております。現在までの状況をお知らせください。

ご多忙のところ恐縮ですが、ご返答いただければ幸いです。

よろしくお願いいたします。

株式会社○○営業部

佐藤　○○

* 致歉信

拝復　このたびは講演会にお招きいただき、誠にありがとうございます。

実は急な仕事のためやむを得ず出席がかなわなくなりました。○○様には大変申し訳ないことで深くお詫び申し上げます。どうかご寛容賜りますようお願い申し上げます。

第二部分・第7课　正确选择表达形态

　　次回は必ず参加いたしますので、これまで同様ご交誼賜りますようお願い申し上げます。
　　取り急ぎ、お詫びまで申し上げます。

敬具

令和〇年〇月

四　倾诉性写作——敬体、较柔和的书面语

　　童话故事、课堂演讲等，一般选用敬体和较柔和的书面语。
　　＊ **故事**

　　むかしむかし、ある村に、心のやさしい浦島太郎という若者がいました。浦島さんが海辺を通りかかると、子どもたちが大きなカメを捕まえていました。そばによって見てみると、子どもたちがみんなでカメをいじめています。

(『浦島太郎』)

　　＊ **演讲稿**

　　皆さま、こんにちは。〇〇大学の〇〇です。
　　今日は『母を語る』というテーマでお話をさせていただきたいと思います。
　　私は自分の母親から愛情を注がれたという記憶がほとんどなく、母親との楽しかった思い出というものがほとんどありません。
　　今、私が母という立場になり、自分がしてもらいたかった事などを子どもにしてやっています。特に子どもが女の子という事もあり、娘に昔の自分を重ねて日々忙しいなりにとても可愛がっています。

五 专业性写作——常体、较正式的书面语

学术论文、法律条文等专业性强且主要供专业性人士阅读的文章,应选择常体和较正式的书面语。

* 学术论文

> 本研究は、人間は、現実世界の出来事をどのようにタイプ化して理解し、それを文法体系の中にどのように組み込んでコミュニケーションしているかという言語研究の目標を意識し、言語学（文法論）の「基礎研究」にあたる考察を実証的に行うものである。従来の動詞研究において非常に手薄な部分の非典型的な動詞を中心的な考察対象に据えることは、日本語動詞論の補完的記述という意味をもつ。

* 法律条文

> 第二百九条　土地の所有者は、境界又はその付近において障壁又は建物を築造し又は修繕するため必要な範囲内で、隣地の使用を請求することができる。ただし、隣人の承諾がなければ、その住家に立ち入ることはできない。
>
> （『民法』）

六 敬体中混入常体的方法

前面已经提到,一般来说,一篇文章的文体需要统一为敬体或常体。但是,为了达到减少冗长感、突出重点内容等目的,在使用敬体的文章中,有时也可以适当地混入常体。

比如像下文,用常体列举事实和观点,简洁易懂又醒目。最后一段中混入了常体句"間に合うよう自宅を出ているが",以提醒读者作者想要突出"已经很早出门了"这个事实,从而强调对"因电车的原因迟到却要被上司责

第二部分・第7课　正确选择表达形态

怪"这个现象的不满。

> 私は通勤中に、納得がいかないことが3つあります。
> 1）なぜ毎朝、同じ時間と同じ場所で電車が急停車するのだ
> 2）車内で化粧をするなら、ひげそりをしても許されるはずだ
> 3) 人によりかからないと立っていられないのなら、本を読むな
>　しかし、そんな不満をぐっと堪えて、満員電車に今日も揺られるのです。
>　始業時間は午前9時からで、一秒でも遅れた場合は上司から大目玉を食らいます。でも納得できない遅刻というものが存在して、間に合うよう自宅を出ているが、電車の遅延にまで責任を持ちようがないではないかと、何度も会社に掛け合っているのです。

练习

1. 找下面段落中的口语表达，并改为书面语表达。

　割り箸は普通の箸とは違って、使ったあと、すぐ捨てちゃうから、洗わないですむ。あと、1回しか使わないから、清潔だし、常に新しいものが使える。こうした点が、店の人にもお役にも好まれたのだろう。そしてなによりも、割り箸はとっても安いのである。では、なんで割り箸は安いのだろう。

　20世紀80年代以降、中国、インドネシア、フィリピン、韓国などからの割り箸の輸入量が大幅に増えてる。日本は、それらの国々が安い労働力で斉唱した安い割り箸を大量に消費してるのである。その一方で、フィリピン、インドネシア、マレーシアの森林面積は木材伐採のために年々減ってきてる。

　私の友人は、最近はし箱に自分用の箸を持ち歩いて、食堂やお弁当屋さんの箸を使わないようにしてる。もちろん、それらの国々で伐採された木材の主な用途は材木や紙であって、割り箸生産に使われるものはちょっとだけである。日本人が割り箸を大量に使うことをやめたって、それだ

けで森林の消失が食い止められるわけじゃない。

　しかし、その友人は、あえて割り箸を使わないことによって、割り箸って些細な商品が表してる、資源浪費と「使い捨て文化」を拒否してるのである。

2. 将下面段落中的画线部分改为论文用语。

　「引きこもり」という言葉は新鮮ではない。今や、日本では引きこもりの問題はますます深刻になっているらしい。日本の引きこもりのから日本人のいろいろな<u>ところ</u>を知ることができる<u>と思う</u>。<u>この論文では</u>、まず、日本青少年引きこもりの起源や<u>今の状況</u>を<u>書く</u>。<u>そのあと</u>、いくつかの例をあげて、引きこもりが<u>日本と日本人の生活にどのような影響をもたらしたのか</u>を指摘し、その原因を探る。最後に、日本は引きこもりの問題に対して、<u>どのような対策を取っている</u>のかを紹介する。さらに、以上のことから、引きこもりについて<u>自分</u>の考えを述べる。

第8课

仔细推敲评改

一篇好的作文,离不开反复推敲、修改。学生的作文多由教师修改,但是很多时候,学生难以理解教师的修改意图,无法认识自己作文的优劣所在,写作练习效果甚微。并且,外语专业学生免不了在各类专业考试、留学申请、商务合作或个人的日常生活记录、网络交流等脱离课堂、脱离教师指导的情景下进行写作活动,因此,学生很有必要掌握自己推敲、评改作文的方法。

推敲、评改作文的必要性及其作用主要可概括为以下几个方面:
(1) 发现易错、常错之处,有针对性地进行修改;
(2) 明确文章内容的删减和补充,优化整体构思;
(3) 对自身感受进行再认识,更加准确地表达自己的情感;
(4) 促进读者对文章的理解。

可以看出来,养成自我检查、评析作文的良好习惯,客观理性地审视自己写作中存在的问题,不仅能提高作文的质量,从长远来看,也是逐步培养学习主动性,切实提高写作能力的一个有效方法。

 推敲的方法

对文章进行推敲,不是单纯地反复阅读,而是明确评改的内容和目标。概言之,推敲要覆盖文章的形式和内容。具体来说,范围涉及本书第一部分和第二部分中的所有内容。针对内容方面的问题,我们主要运用俯瞰的视角来进行观察;针对形式方面的问题,我们则要细致入微地观察。具体要注意以下方面。

(一) 内容

1. 主题明确,观点突出

推敲阶段应优先考虑是否清晰、明确地表达了中心思想。如果文章的

中心思想模糊不清，很重要的原因就是写作准备不够充分，应回到准备阶段，重新整理构思。

2. 材料恰当，论据充分

推敲过程中另一个重要的环节，就是确认使用的材料是否能有效地为表达中心思想发挥作用。

3. 结构连贯，段落有序

文章中如果出现前后矛盾、观点不一致的情况，也会导致中心思想的表达出现偏差。因此，段落应围绕中心思想，有序、适宜地组织材料和内容，并且确保每个段落中不混杂多种材料和内容。

（二）形式

1. 语句通顺，表达简洁

文章中不能出现冗长或过于复杂的句子，推敲过程中要特别注意调整主语和谓语的距离，修饰语和被修饰语的长短，重复表达，等等。另外，最好不要使用不规范的流行语或自创的词汇，对专业术语要提供解释，不要轻易使用"周知のように"等表达。

2. 书写规范，格式正确

为了让文章看起来整洁、规范，应正确使用汉字、平假名、片假名、罗马字母、阿拉伯数字，严格遵守稿纸的使用规则。正确使用各种标点符号，也有利于表达文章的中心思想。

另外，对于在计算机上完成的作文，可以将其打印成纸质资料后再进行评改。相较于阅读电子资料，阅读纸质资料更容易发现字体差异、文字大小差异、错字和漏字等问题。同时，纸质资料具有易翻阅、易批注、易前后对照阅读等优势，有利于大脑留存记忆，有助于我们连续性地理解文章内容，从而帮助我们发现前后矛盾、逻辑不通之处。

二 使用自评单

推敲、修改阶段,可以制作作文自评单(表2-8),列举出须推敲、修改的相关项目,并对各个项目的完成度进行自我评析。具体步骤如下。

(1) 根据写作课题的具体要求,列出需要检查测评的事项;
(2) 对应每条事项,阅读文章,对相关事项完成情况进行测评;
(3) 对不甚满意或未达到要求的项目进行逐条修改;
(4) 做好修改记录,总结反思。

表 2-8 自评单范例

作文自评单					
*自我评价: A 完全做到 B 基本做到 C 未做到					
序号	评测事项		具体内容	自我评价	修改情况
1	书写	文字	无错字和漏字,使用日文汉字	A B C	
		标点	正确使用日文标点符号	A B C	
		格式	正确使用稿纸	A B C	
		字体	用楷书规范书写,电脑输入时用 MS 明朝体	A B C	
2	句子段落	长度	没有过长句子	A B C	
		文末	文末统一为"だ・である"体或"です・ます"体	A B C	
		文体	区分口语和书面语	A B C	
		主谓语	主语和谓语相呼应	A B C	
		接续词	使用恰当的接续词,句间、段间的关系明了正确	A B C	
		段落	段落划分清晰,一个段落只叙述一个事实	A B C	
3	结构	序部	准确概括文章主要内容	A B C	
		正文1	具体描述事件或现象	A B C	
		正文2	详细叙述论据	A B C	
		总结	叙述从正文得出的结论	A B C	
		结语	从总结中升华自身的观点、主张	A B C	

107

续表

作文自评单					
* 自我评价： A 完全做到　B 基本做到　C 未做到					
序号	评测事项		具体内容	自我评价	修改情况
4	内容	标题	突出文章中心	A　B　C	
		主题	主题明确,准备提炼关键字	A　B　C	
		材料	大范围收集材料,围绕主题使用恰当的材料	A　B　C	
		目的	充分表达了自身想法,达到写作目的	A　B　C	
		读者	充分考虑读者的理解度,对概念、术语等进行了解说	A　B　C	
		事实和意见	明确区分客观事实与主观意见	A　B　C	
		自己和他人	明确区分自身的观点和他人的见解	A　B　C	
5	写作心得、反省点、今后改进措施等：				

第三部分

写作实践篇

　　第三部分选择了三类日语写作形式,并结合范文具体讲解。第一类称为信息互通类文章,包括书信、贺年卡和电子邮件;第二类称为互动交流类文章,主要是幻灯片演讲稿;第三类称为意见阐述类文章——论文。三类文章均为大学生在学习、生活中经常使用的写作形式。

　　三类文章各有特色。第一类文章中,书信和贺年卡是较传统的信息互通方式,电子邮件是现代化信息互通方式,二者共存于现代日本生活中,发挥的功能不尽相同,难分孰重孰轻。二者间的共同点就是特别注重形式,写作者须在一些条条框框中完成写作行为。第二类文章为幻灯片和演讲稿,说是写作,事实上其中也融合了"说",可以看作"写"和"说"的结合体。具体看来,"写"的方面,它具有可记录、可反复阅读、可思考加工、凝练、完整的特性;"说"的方面,兼具即时性、可双向交流、目标群体明确等特征。因此,这类文章不仅要求演讲者具备书面习作能力,还要求其综合考虑演讲场合、听众群体、演讲目的等,做到有的放矢。第三类为论文,首先要求写作者有驾驭一定难度日语的能力,同时论文的逻辑性和缜密性又要求写作者具备较高的思辨、分析能力。

　　理解并掌握每类文章的特点,是学好写作的基本条件。

第9课

信息互通类——信函

此处的信函包括"手紙"(书信)、"年賀状"(贺年卡)、"見舞状"(问候信)、"招待状"(邀请函)、"依頼状"(委托书)、"報告書"(报告书)、"葉書"(明信片)、"メール"(电子邮件)等各种在日本常见的书面材料。限于篇幅,不能一一详述,仅就其中日本特色比较突出,且日常生活学习中常会接触到的几项进行讲解。

一 书信

书信虽然不及电话、电子邮件、手机短信等现代交流方式方便、快捷,但更富于表达情感,其中的文化内涵也是现代交流方式难以比拟的。现代生活中,日本人还保留着写信的习惯。

(一) 郑重书信

对于日语书信,其学习的重点在于"形式",即书写日语书信要熟悉一般的套路,因为日语书信中保留了大量传统的"繁文缛节"(图3-1、图3-2)。

其中"拝啓"与"敬"相呼应,是日语书信中最重要的套话,若是郑重场合,还可分别换成"謹啓"与"謹白"。时令用语及客套部分,通常是在"初春の候""暑中の候""厳冬の候"之后加上"時下ますますのご清祥とお慶び申し上げます"之类的套话。

图 3-1 横向郑重书信格式　　　　　图 3-2 纵向郑重书信格式

（二）一般书信

当然，具备上述套路的书信是比较郑重的，一般的书信不必严格执行，有简略的方法，即将"拝啓""敬具"分别改为"前略""草々"，并同时略去时令用语及其后的客套(图 3-3、图 3-4)。

图 3-3 横向一般书信格式　　　　　图 3-4 纵向一般书信格式

日语书信的这套流程,就好比日常见面要寒暄一样,是一种待人接物的习惯,在搞清楚整套流程后,秉着入乡随俗的原则,尽量去适应即可。其实,中国的文言书信在格式上也有一定的规范(图3-5)。当然,实际的信件当中还要根据写信人与收信人的亲疏远近关系在格式上做调整。如果关系较为亲近,则可以和日语书信一样,省略不必要的套语(图3-6)。

```
┌─────────────────────┐    ┌─────────────────────┐
│××惠鉴:              │    │××兄:                │
│  敬启者。            │    │  见字如晤。          │
│                     │    │                     │
│        (正文)       │    │        (正文)       │
│                     │    │                     │
│此致                 │    │此致                 │
│          ××启(写信人)│    │          ××(写信人) │
│              ×年×月×日│    │              ×年×月×日│
└─────────────────────┘    └─────────────────────┘
   图3-5  中文书信格式          图3-6  中文书信格式(简略)
```

现代汉语的书信格式基本上略去烦琐的文言套语,按照口语的样式书写,上述删减文言套语的简略书信已与现代汉语的书信格式很相近了。随着时代的变化,人们生活节奏的加快,文言的一套烦琐程序已然与社会的发展不太契合,毕竟书信的根本目的在于传递信息,只要能达到这个目的,在格式方面不失礼即可。日语书信中的"前略""草々"这套格式也发挥着同样的作用。

"惠鉴""敬启者"等文言书信中的套语虽然和日语书信不同,但是基本的流程及使用的目的相似。文言的思维模式对于进一步理解日语的书信格式或许有所帮助。只是现代汉语的书信当中文言的套语已极少使用,许多日语学习者对日语书信的套路不太适应,多一些文言的素养,或许会在日语学习当中萌生出"他乡遇故知"的感觉。

(三) 回信

收到来信,有时需要回复,日语回信同样要遵循一定的格式规范。流程大体与上述写信相同。只不过回信要与来信对应,因此"拝啓"换成"拝復",之后加上"お手紙拝見いたしました"之类的回应(图3-7、图3-8)。

图 3-7 横向回信格式　　　　　　　　图 3-8 纵向回信格式

（四）信封的写法

最后还必须提一下信封的写法(图 3-9)。信封采用竖向书写,正面写收信人邮编、地址、姓名,姓名后应付"様"尊称,表达对收信人的敬意。在寄送

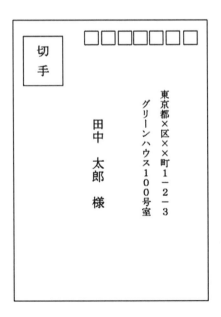
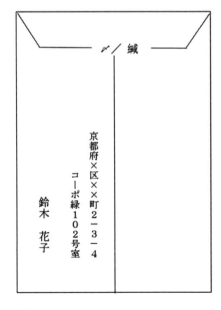

图 3-9　信封格式

资料时,会附上"書類在中"等示意信封内装物品的字句。反面有封口,封口中央处常常有"〆"("締め"的手写体,"封"的意思)或"緘"字样的封印。封口左下方用较小的字号书写写信人的地址、姓名。因为是寄信人自己的姓名,所以不加"樣"等尊称。

二 贺年卡

每到 12 月底,日本人都有给亲戚朋友寄贺年卡片的习俗。这些记载着新年祝福的贺年卡片通常都会在新年 1 月 1 日清晨投递到收卡人手中。

贺年卡片有两面(为方便称呼,以下称 A、B 面),A 面写收卡人姓名及投递地址,B 面写新年祝福。A 面的格式一般如图 3-10 所示。

图 3-10　贺年卡书写格式

与书信不同,如果需要写寄卡人的姓名和地址,应将其与收卡人的姓名和地址一起写在 A 面,写信人的姓名和地址都要写在左下方,字号较小。与书信相同,收卡人后需要加上"樣""先生"等尊谓。贺年卡一般竖向书写,但也可横向书写,可手写,亦可印刷。下面是两张贺年卡(图 3-11—图 3-14)。

第三部分·第 9 课　信息互通类——信函

图 3-11　贺年卡 1
（A 面竖向手写）

图 3-12　贺年卡 2
（A 面横向打印）

B 面就是贺年的内容，抬头通常是恭贺新春的套语，比如"謹賀新年""迎春""賀正""あけましておめでとうございます""新年おめでとうございます""新年のお喜びを申し上げます"等（图 3-13、图 3-14）。

图 3-13　贺年卡 3
（B 面竖向）

图 3-14　贺年卡 4
（B 面横向）

115

这两张贺年卡全是印刷或者打印好的，还印有当年的生肖，设计精美，视觉效果不错，原则上直接投递就行。不过印刷好的内容全是"万金油"式的套话，放在任何一张贺年卡片上都没有问题，因此为了表示对收卡人的尊重，通常会附上几句寄卡人手写的话。贺年卡3、贺年卡4中的手写体即如此。

贺年卡3正文为"昨年中は格別のお引き立てを賜り厚く御礼申し上げます。本年も変わらぬご愛顧を賜りますようお願いいたします。今年も前進の年になりそうですね。がんばってください"。

贺年卡4正文为"皆様のご健康とご多幸を心からお祈りいたします。本年もどうぞよろしくお願い申し上げます。定年まであと2年で、自分自身の研究もありますが、学生たちのため精一杯やっていくつもりです"。

贺年卡一般都是互相寄送，所以不存在回复一说。如果收到对方贺年卡而之前并未寄送，补寄一张即可。此外，除了亲戚朋友之间互致贺年卡外，机构给个人寄送贺年卡的情况也很普遍。

贺年卡5(图3-15)是SoftBank(日本三大电信运营商之一)给客户发的贺年卡，内容为"いつもSoftBank光をご愛顧いただき誠にありがとうございます。旧年同様本年も一層のサービス向上を目指しております。変わらぬご愛顧のほど何卒よろしくお願い申し上げます"；贺年卡6(图3-16)是某健身俱乐部给顾客发的贺年卡片，"あなたの"なりたい姿"が達成できるようスタッフ一同全力でサポートいたします"，少了传统的新年问候，主要表达的是全心全力为顾客服务的经营理念和决心。

图3-15　贺年卡5

图3-16　贺年卡6

以上两张贺年卡从形式上看,全部是打印,没有手写,显然是群发;从内容上看,都是一些客套话,当然没有回复的必要。这仅仅是日本的一种商业习惯,就好比许多日本公司机构在年底免费发送日历一样。

三 电子邮件

随着互联网的普及与发展,无论是中国还是日本,手写书信的机会越来越少,取而代之的是电子邮件的兴起。当然在中国,近些年 QQ、微信等网络聊天工具应用得越来越广泛,较之电子邮件,时效性更强。日本虽然也有 LINE 等网络聊天工具,但多限于私人之间的沟通交流,工作上的信息往来多依赖电子邮件,因此电子邮件在日本人的日常生活中仍然被普遍应用着。

(一) 基本格式

在形式上,电子邮件不用手写,也没有纸质的载体,较之一般的书信,其郑重的程度有所逊色,多数情况下也比较随意。但是,电子邮件终究也是书信的一类,与书信一样,也有基本的格式。以下是一封日语邮件(图 3-17)。

```
××様

お世話になっております。
学生課の×××です。
　標記の件につきまして、学生課より調査書提出の依頼が参りました。調査書を添付いたしますので、下記の通りご提出くださいますよう、お願い申し上げます。


　　提出先　　　学生課
　　提出方法　　メール、文書どちらでも可
　　期限　　　　1月27日(月)まで
```

```
急なご依頼となり、たいへん申し訳ございません。
ご多忙の折、恐縮ですが、何卒よろしくお願い申し上げます。
まずは要件のみにて、失礼いたします。


学生課
×××
    ××(写信人)
    ×年×月×日
```

图 3-17　电子邮件 1

日语的电子邮件也有一套自身的格式,不过比起书信,口语化的程度更高,"お世話になっております""よろしくお願い申し上げます""失礼いたします"之类在日常的口头会话中也多见。

（二）上下亲疏远近关系

电子邮件需要根据与收信人的上下、亲疏、远近关系选择不同的格式和表达。上面的电子邮件 1 虽然看不出来上下关系,但很明显发信人和收信人之间的互动属于公务往来,因此,邮件也是公文类的写法,所有内容按部就班。

通常的理解是,下对上、晚辈对长辈要使用敬语,因此,写信人要根据收信人与自身关系的远近合理使用格式化的套语。例如,第一次给尚且不太熟悉的老师发邮件,必须自报家门,同时需要适当地寒暄、问候,使用敬意更高的表达(图 3-18)。

```
鈴木先生

突然のメールにて失礼致します。
いつもご指導いただき、ありがとうございます。
××学部××年の佐藤太郎と申します。
卒業論文に関して、先生にご相談するお時間をいただきたく、メールを差し上げる次第です。
```

> 3月1日(月)～5日(金)、または3月8日(月)～12日(金)のいずれかで1時間ほど、ご相談のお時間をお取りいただくことは可能でしょうか。
> <u>お忙しいところを、ご迷惑をおかけ致しますが、よろしくお願い申し上げます。</u>
>
> ××学部××年
> 田中太郎

图 3-18　电子邮件 2

不过,学生在和老师相互熟悉之后,一般在保持基本礼貌的前提下,没有必要使用过多客套话或敬语(图 3-19)。

> 鈴木先生
>
> こんにちは。
> 卒業論文についてご相談したいことがあるのですが、ご都合のよいときにお願いできませんか。
>
> <u>宜しくお願いします。</u>
>
> 田中太郎

图 3-19　电子邮件 3

电子邮件 2 和电子邮件 3,都是讲希望老师给自己指导论文。相比电子邮件 2,电子邮件 3 中只有"宜しくお願いします"一句客气话。这乍一看是随意、不郑重的,不过笔者认为这可谓言简意赅,直抒胸臆。这样简简单单的邮件既有基本的礼节,又有实质的内容,对写邮件的人和收邮件的老师来说都不会造成负担。要注意的是,这样的邮件必须以师生之间足够熟悉为前提。

如果是上对下或者朋友之间的电子邮件,则可以省略所有客套话,直接叙述要点,甚至可以使用简写。例如,老师在收到上述邮件后可做下列回复

(图 3-20)。

```
田中君
　了解。
　添削が終わったらまた連絡する。

鈴木
```

图 3-20　电子邮件 4

（三）心理距离

使用何种形式或表达写电子邮件，有的时候与写信人个人的心理也密切相关。

老师对学生，通常认为应该采取长辈对晚辈或者上级对下级的态度，形式可以较随意。实际上，如何处理或者体现老师与学生的关系，并没有统一的做法。例如，日本老师给笔者的回复邮件中，抬头时而用"〇〇君"，时而用"〇〇さん"，每每令笔者心存疑惑。咨询另一位日本老师其中缘由，告知"君"是先生对学生的一般性称谓，"さん"的尊称则不太好理解，或许可以理解为先生对学生的认可。因该日本老师也带学生，故笔者进一步追问其回复学生邮件时如何称呼，答曰从来都是直呼姓名，不附尊称。后来，笔者听闻一好友说其日本老师在电子邮件中每每对其用"〇〇さま"的称谓。"〇〇さま"的称谓从敬语的角度来看，十分不好理解，倘若跳出敬语的范畴，便可以理解为日本老师不趋于在书信中体现师生关系，或者说该日本老师理解的师生关系应该是平等的，并没有上下、长幼之别，即使在称谓方面也是如此。既然如此，用"さん"即可，为何又要使用"さま"呢？这着实也让人费解。或许这就是该日本老师的风格，就像许多日本老师用"××君"，但也有日本老师直呼学生姓名，更有甚者，如笔者的日本老师，"××君"和"××さん"交替使用。

书信、贺年卡、电子邮件等的格式问题，说到底还是日本文化的一种体现，具体来说就是注重形式、程序。当然这并不是说现实生活中，每一个日本人都是注重形式、程序的，随着社会的发展，人们的思想观念日益多元化，

在写日常的书信、电子邮件、贺年卡时,只要不冒失,保持最基本的书写格式即可。

当然,什么程度称得上不冒失,哪些是最基本的书写格式,这又是一个仁者见仁、智者见智的问题。所谓运用之妙存乎一心。正如一个简单的称谓,不同的日本人对其有不同的理解一样,在实践过程当中要做到什么地步才叫得体,唯有通过实际的写作,加上自身的领悟,才能够获得自己的理解。

第10课

互动交流类——幻灯片演讲稿

幻灯片广泛使用于商业企划、建筑设计竞赛、学术报告等各个领域。对于学生来说,在学习报告会、论文答辩等各个场景中都会接触到幻灯片演讲。演讲者可以借助幻灯片的插图、音频、视频、动画等视觉和听觉辅助功能,更直观、明了、生动地展示演讲内容。在用外语进行演讲时,制作一个精彩的幻灯片,可以在一定程度上弥补发音、词汇、表达等语言能力方面的不足,使演讲的整体效果得到提升。可以说,幻灯片演讲也是外语类学生必备技能之一。

一 幻灯片演讲的流程

幻灯片演讲流程可分为演讲前、演讲时、演讲后三个步骤(图3-21)。其中直接涉及写作的是演讲前的部分,所以本课主要针对这一部分进行说明。

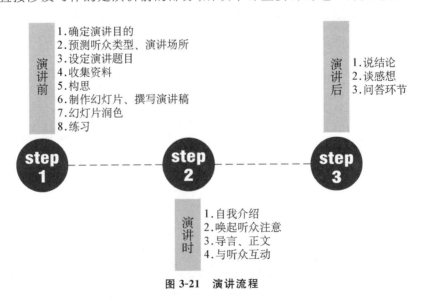

图 3-21　演讲流程

（一）明确演讲目的

演讲者应以演讲目的为导向，从演讲题目视角的设置到材料出处、幻灯片的表现形式等方面做不同的规划。这里大致将幻灯片演讲的目的分为三类：提供信息、表达主张、触发情感。

1. 提供信息型幻灯片演讲

演讲者将自己知道的或者收集到的信息进行整理后，再简明易懂、生动有趣地传达给听众，达到使听众了解未知的信息、订正已有信息等目的。比如《日式咖喱的做法》《海啸发生的原理》《重庆市交通系统》等演讲题目。演讲内容可概观全局，也可以限定在某个具体问题点详细讲解。幻灯片中可采取插入音频、视频、图片等方式辅助听众理解，适当地结合表演也未尝不可。

2. 表达主张型幻灯片演讲

演讲者对某个课题自主调查分析后提炼出自己的主张见解传达给听众，促使听众理解并与自己达成共识，在此基础上激发听众思考甚至采取某种实际行动。比如"课堂上手机使用情况的调查""××大学垃圾桶设置情况调查""专业能力考试对专业学习的作用"等题目。获取材料的方法多种多样，如问卷调查、现场调查、街头采访、文献查阅等。幻灯片的制作追求逻辑性、说服力，可适当将调查结果、数据等图表化以支撑结论。

3. 触发情感型幻灯片演讲

以触发听众喜怒哀乐的情感，引起听众同情、怜悯、感动为目的的幻灯片演讲。比如贫苦家庭出身孩子的求学之路、地震后的惨状和灾民的悲痛、医护人员英勇献身等题目。除了实地实景的图像和视频资料外，还可以加入周边人的叙述、具体事件等，这样更能打动听众。

当然，也可以将其中几个要素结合起来，比如在做提出主张型幻灯片演讲"××大学垃圾桶设置情况调查"时，可以展示一些校园垃圾乱扔的实图，触发听众要改变现状的心情，并带着这种心情倾听演讲者提出的对策。要注意的是，演讲内容一定要有主次之分，各个要素的安排都是为主要目服务的，不能喧宾夺主。

（二）预测听众类型、演讲场所

一个完整的幻灯片演讲至少包括演讲者、听众、演讲者和听众所处的空间环境、演讲内容、幻灯片。五个条件，缺一不可。为了消除交流障碍，要事先了解听众的类型和演讲的场所，从不同角度设定演讲的主题。听众的类型主要指听众所属的群体（高中生、大学生或教师）、听众的知识储备、听众的价值观等方面。演讲场所指的不仅仅是教室、报告厅等物理性场所，还包含社会性场面，如公众性集会。

比如《温室效应》这个演讲题目，若在平日课堂上以同班同学为听众，可以将主题设定为"减少二氧化碳排放，从身边做起"，举出一些具体的事例促使听众采取行动。若是在报告厅以大学生和教师为听众，则可适当提升专业性，将主题设为"温室效应的形成机制及削减二氧化碳的对策"。

（三）设定演讲题目，收集资料，构思

如前文所述，设定演讲题目需要考虑演讲目的、听众类型、演讲场所等因素收集的资料也要与演讲题目契合。整理好材料后还需要对演讲进行构思，并编写好提纲。关于设定演讲题目、收集资料和整理资料、构思与编写提纲的相关方法，已分别在本书第一部分第1课、第2课、第3课中做了详细讲解，此处不再赘述。

（四）制作幻灯片和撰写演讲稿

制作幻灯片和撰写演讲稿，可以说是演讲前准备工作的主体部分。演讲经验非常丰富、技能十分成熟的演讲者也可以不准备演讲稿，但是对于大多数学生来说，还是有必要准备一份演讲稿。在撰写演讲稿的过程中，可以重新审视演讲的构思，精炼地表达内容，演讲时若身旁备有演讲稿还能在一定程度上缓解紧张情绪。

至于制作幻灯片和撰写演讲稿的先后顺序，笔者提倡二者交互进行。具体流程如下。

① 确定每张幻灯片的内容，并确定好幻灯片的先后顺序。

② 按照幻灯片撰写演讲稿。

③ 对撰写过程中发现的构思不完善之处进行修改,同时调整幻灯片的内容和排列。

④ 撰写完成后根据演讲的时间删减或增加演讲稿内容,字数为每分钟200字左右为宜。

⑤ 演讲稿完成后在相应的幻灯片上补充适量的文字。

不过也有一些例外情况,比如论文答辩,一般是在开始制作幻灯片前手中就有完整的论文原稿,这时候直接将论文结构中各个部分的概要有逻辑地放入幻灯片中即可。

一般来说,幻灯片的第一页应注明题目、姓名等信息;第二页提示演讲的概要;第三页开始呈现演讲内容(图3-22)。特别要注意的是,应坚持一张

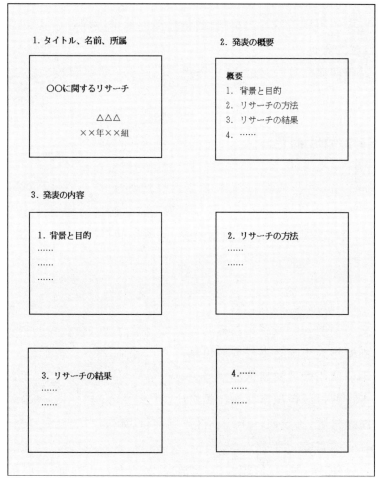

图3-22 幻灯片布局

幻灯片只讲述一个内容的原则。这样做既利于演讲者保持平稳的思绪,又避免给听众带来过多负担,为听众留足思考时间。比如下面的幻灯片布局方法。

演讲要面对听众,因此演讲稿的文字应具有一定的感染力。为此,撰写演讲稿时,除了要反映提纲和幻灯片的内容以外,还要注意以下几点。

① 通过开场白唤起听众注意,例如,展示一组统计数据,分享逸闻趣事,向观众发问,等等。

② 开头部分点明演讲的主题,预告演讲的大致内容。

③ 正文部分要设置中心句,使内容层次分明。

④ 在幻灯片和幻灯片之间设置衔接、过渡的语言。

⑤ 结尾部分加深听众的印象,升华主题,例如,回顾演讲内容,强调主要观点或引用名言警句,等等。

⑥ 直接使用日语撰写演讲稿,避免翻译过程中因中日表达习惯不同而出现不自然的表达。

⑦ 完成初稿后要反复推敲并修正,具体方法可参照本书第二部分第8课。

(五) 幻灯片润色

PowerPoint 办公软件有很多提升幻灯片档次的功能,时间充足的话可以多多尝试,但一定要坚持一个大原则:简洁明了。字体字号多样、颜色太杂乱,会带给观众凌乱的视觉感受,影响演讲的整体效果。下面这张视觉效果较差的幻灯片(图 3-23)是一个反例,从其中可以总结出一些教训。

① 幻灯片背景不要太花哨。

② 文字不要与背景图案重叠。

③ 不要用太小的字书写太多信息。

④ 不要使用太多的字体和字号。

⑤ 考虑背景颜色与字体颜色的对比。

⑥ 注意排版,不要将一个单词拆分到两行,如"リサーチ"。

另外,还要注意以下几点。

① 可以使用动画但不要过多。动画可以突出表达的重点,展示逻辑思

图 3-23　幻灯片示例一

维,但过多使用动画有分散观众注意力的风险;

② 有效使用音频、视频;

③ 适当使用图表;

④ 使用高像素的图片。

(六) 练习

"台上一分钟,台下十年功",只有在演讲前进行充分的练习,才能在正式演讲时做到游刃有余。

在用外语发表演讲时,限于语言能力,可以将演讲稿从头到尾背诵下来,但如果演讲时一边回想一边演讲的话会影响整体效果,因此一定要将演讲稿烂熟于心,演讲时要像日常讲话一样,自然不做作。

另外,练习时要严格计时,在规定的时间内完成演讲,演讲超时或达不到规定的时长,则需要对幻灯片和演讲稿的内容进行删减或增添。同时,声量、语速、停顿、手势、姿势、视线等也是决定演讲效果的因素;激光笔的使用方法、幻灯片的操控等技术性问题也会直接影响到演讲效果,练习时对这些环节也要做好准备,做到了然于心。

总之,完成一次精彩的幻灯片演讲的秘诀可以总结为"精心准备,

充分练习"。

二 信息提供型幻灯片演讲稿范文

　　下面的范文是四川外国语大学2018年度日语系实践周幻灯片推介大赛的优秀作品及其幻灯片(图3-24—图3-26)。题目是《日本茶道》,由主办方拟定。

日本の茶道

　　日本茶道は中国に起源しますが、長い歴史を経て日本独自の特色が生み出され、たくさんの流派が形成されました。今日は、その内の裏千家という流派の抹茶の立て方や作法を実演しながら、日本茶道の精神について簡単に紹介したいと思います。

(幻灯片1、2、3)

　　今日、恵子さんの家でお茶会が開かれます。況さんは招かれて恵子さんのお宅に来ています。

　　<u>茶室にいく途中</u>の小道は原石を敷かせています。お庭の中は茂みと高木が植えられていて、静まり返っています。　　(幻灯片4)

　　<u>茶室に入ると</u>、装飾は簡素で、清潔さを感じさせます。茶道具も淡い色の物で、静かさや美しさを作り出しています。　　(幻灯片5、6)

　　<u>着席すると</u>、恵子さんはお茶を点て始めました。　　(幻灯片7、8)

　　(1) まず、茶道具を拭きます。

　　(2) 茶碗にお湯を注いで、温めます。温まったらお湯を捨てて、布巾できれいに水滴をふき取ります。

　　(3) 茶碗に抹茶を入れます。続いてお湯を入れます。

　　(4) 点て方としては、まずは、茶せんを軽く動かしてかき混ぜます。続いて前後に強めに、空気が入るようにかき混ぜます。

　　(5) 最後に、茶せんをゆっくりとした点て方で動かし、細やかな泡を立てて完成です。

　　<u>お茶ができたら</u>、お客さんに召し上がっていただきます。

(幻灯片9、10)

(1) お客さんは、「頂戴いたします」と挨拶をします。

(2) それから、右手で茶碗を取って左手に載せ、右手で2回まわします。茶碗の正面を自分の方に向けるように回します。

(3) 回し終わったら、お茶をいただきます。ゆっくりと味わいます。

(4) 飲み終わったら、飲み口を拭き、指先を懐紙で清めます。茶碗を2回まわし、はじめの向きに戻して、自分の正面に茶碗を置きます。

<u>その後</u>、茶碗を拝見します。　　　　　　　　　　　　（幻灯片11）

(1) 両手のひらを畳について、上、右側、左側から茶碗全体を見ます。

(2) 茶碗を両手で持って肘を自分の膝に乗せて動かないようにしながら、裏などを見ます。茶碗を落としたりしないようにするためです。

(3) 茶碗を置き、最後にもう一度両手の平を畳について茶碗全体を見ます。

(4) お辞儀をして感謝の意を伝えます。

日本茶道は、「人と自然との和」「人と器との和」「人と人との和」を求める日本精神の現れです。茶道を知ることは、日本文化を理解するのに役立ちます。

　　　　　　　　　　　　　　　　　　　　　　　　（幻灯片12、13）

1

2

图 3-24　幻灯片示例二

图 3-25 幻灯片示例三

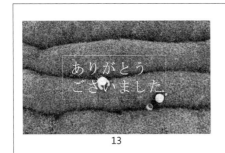

图 3-26　幻灯片示例四

"信息提供型"幻灯片演讲的主要目的,是向听众传达演讲者已知或收集整理好的信息,让听众对相关知识有一定了解。这篇范文从选题到表现形式都充分考虑了这一目的。

首先,从主题的设定方面来说,日本茶道涉及的选题范围广,可以包括历史发展、流派、礼仪等各个方面,范文将主题限定在"点茶、喝茶的方法",避免了泛泛而谈。这一主题容易具象化,在表现形式上也有较大的发挥空间。

其次,演讲稿简洁易懂,开场部分"裏千家という流派の抹茶の立て方や作法を実演しながら、日本茶道の精神について簡単に紹介したい"点明主题、说明演讲目的,让听众对接下来的内容有了一定的把握;正文中使用"茶室に行く途中""茶室に入ると""着席すると""お茶ができたら""その後"等语句,将"引导客人进入茶室""点茶""喝茶"这一系列步骤按时间顺序衔接起来;结尾部分"日本茶道は、'人と自然との和''人と器との和''人と人との和'を求める日本精神の現れです。茶道を知ることは、日本文化を理解するのに役立ちます"呼应开头,再次点明主题。

再次,幻灯片制作方面,背景颜色清爽简洁,符合主题。同时,还在幻灯片的边角部位配有"和敬清寂""一期一会""茶禅一味"等反映茶道精神的装饰性文字,补充了演讲中未能提到的知识。

最后,表现形式方面,茶道的点茶、喝茶方法繁复,为加深听众的理解,演讲者不仅在幻灯片中配有相关图片,还在演讲中穿插了表演,以带给听众直观感受。

概言之,在该篇范文中,用演讲稿串联起主要内容,幻灯片、表演和演讲稿三者有机结合,生动形象地向听众呈现了茶道的相关知识。

日语写作——新思维与新方法

三 表达主张型幻灯片演讲稿范文

下面是从课堂演讲中选取的表达主张型幻灯片(图 3-27、图 3-28)演讲稿范文。主题、调查方法均由演讲者自主决定。

日本語を習う動機に関するリサーチ

二年四組

発表に入る前に、まずみなさんに考えてもらいたいことがある。みなさんはどうして日本語科に入ったのだろうか。志望校と専門を決めるときの気持ちを今振り返ってみてください。また、日本語を勉強して一年が経った今は、どういう気持ちで勉強をつづけているのだろうか。この二つの質問を考えながら、私たちの発表を聞いてください。

私たちの発表のテーマは「日本語を習う動機に関するリサーチ」である。

1. 背景と目的　　　　　　　　　　　　　　　　（幻灯片3）

<u>まず</u>はこのリサーチをする動機を紹介する。

中国では、日本語を勉強する人が年々増えており、日本語を専攻として勉強している人もいれば、趣味としている人もいる。

人々の日本語を習う動機に興味を持ち、そして日本語の勉強を始めた後の心境の変化を知りたく、このリサーチをすることにした。

2. リサーチの方法　　　　　　　　　　　　　　（幻灯片4）

<u>次は</u>リサーチの方法であるが、今回は2年4組、30人を対象としてアンケート調査を行った。調査の内容は、入学当初の考えと、2年生になった現在の考えの2つからなっている。

3. 調査結果　　　　　　　　　　　　　　　　　（幻灯片5、6、7）

<u>では</u>、調査の結果を見てみよう。

調査によると、日本語を習う動機は、娯楽的動機、学業的動機、文化的動機、就職的動機に分けられるようである。

132

まず、日本語学科に入った当初の皆さんのお考えを見てみることにする。円グラグ1をご覧ください。円グラグ1からわかるように、娯楽的動機を持っていた学生がもっとも多く、40％を占めている。多くの学生は、日本の漫画やアニメ、映画、音楽、ゲームなどに興味を持ち、日本語学科に入ったのである。次に多いのは学業的動機であり、25％を占めている。そのなかで、一部の人は、日本語なら、数学や物理などの難解な科目を習わないですむから、簡単にいい成績を取れそう、と考えているようである。そして、日本語能力試験など、資格を取っておきたいと思っている人もいる。それから3番目に、文化的動機が21％を占めている。これらの学生は、日本の歴史や風習などに興味があり、もっと日本文化を知るために、日本語を始めた学生である。最後に、同率で7％を占めているのは就職的動機と動機なしである。就職的動機をもつ学生は、将来日本語に関わる仕事を見つけたい、日本で仕事をしたいと思い、日本語学科に入った学生である。動機を持たない学生は、大学入試で日本語学科に振り分けされて、しかたなく日本語を勉強している。

次は、2年生になった今の皆さんのお考えを見てみよう。調査の結果は円グラフ2のようになる。ここでは大きな変化がある。もっとも多く、82％を占めるのは学業的動機であり、日本語専門4級、日本語能力試験1級に合格して卒業証書を取得するために日本語を勉強しつづける学生がほとんどなのである。一方、娯楽的動機、文化的動機をもつ学生がかなり減っている。

4. 結果の分析　　　　　　　　　　　　　　　　　　（幻灯片8）

以上の調査結果からわかるように、学生の日本語を習う動機は、時間とともに変わっていくものである。2年生になって、皆さんの日本語の勉強に対する情熱が減ったことが言えるだろう。

どうしてこのような変化が起きたのだろうか。それは、勉強の内容が難しくなったことだけでなく、受験のプレッシャーや、授業の方法と教師に対する不満などのことから、学生が好奇心や自主性を失っていることにも関わっていると思われる。

学生も教師もこのような傾向をよく把握し、日頃から日本語の勉強に対する意欲を維持する方法を考えなければならない。

5. 提案 　　　　　　　　　　　　　　　　　　　　　　　（幻灯片9）

では、2年生になった私たちは、日本語に対する意欲を保つために、どのような方法をとるべきか。これについていくつか提案したい。

（1）まずは、早めに将来の計画を立てること。夢はきっと私たちのモチベーションを高めてくれるのである。

（2）それから、なるべく様々な活動に参加すること。いつも同じことをすると、だれもつまらないと思ってしまうだろう。日本語学部やクラスで開催される文化週、吹き替え大会などのイベントに参加し、日本の多面性を体験するといい。

（3）最後は、自分の能力を信じ、時々自分を励まし、間違えることを恐れないこと。そして、普段から先生やクラスメートと交流して、他人の経験を参考にするのもいい。

皆さん、これからの勉強でいろいろな難関にぶつかると思うが、初心を忘れず、高いモチベーションを持ってひとつひとつ乗り越えよう。暗闇を越えたら輝かしい未来がきっとを待っていると信じている。

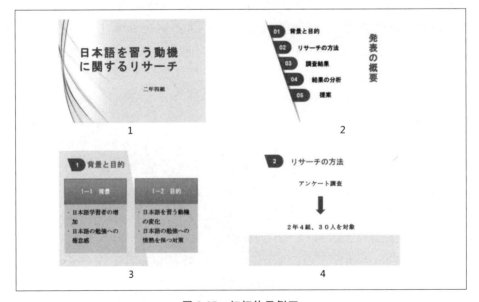

图3-27　幻灯片示例五

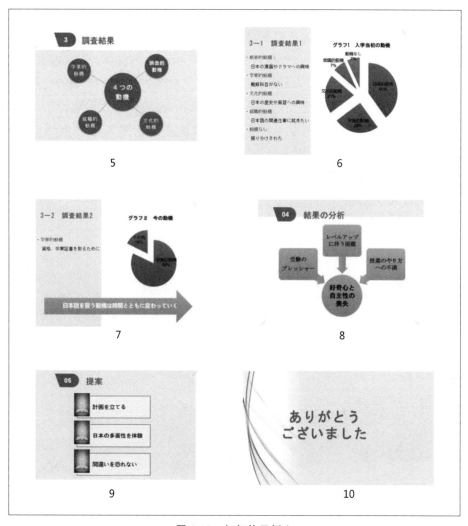

图 3-28　幻灯片示例六

该范文是演讲者刚升入本科二年级时在课堂上进行的一次幻灯片演讲。演讲者聚焦身边的同学,将他们当前的学习困境——日语学习进入了新阶段,而学习热情有减无增——作为契机,选题容易使听众产生共鸣。

就演讲稿来说,在开头部分用"みなさんはどうして日本語科に入ったのだろうか。志望校と専門を決めるときの気持ちを今振り返ってみてください。また、日本語を勉強して一年が経った今は、どういう気持ちで勉強をつづけているのだろうか"连续向听众抛出两个与听众经历有关的问题,引发听众思考。正文逻辑关系明晰,各部分内容之间以"まずは""次は""では"等词语过渡,衔接自然。对于调查结果做了仔细的讲解,并分析两个

调查结果,得出结论"日本語を習う動機は、時間とともに変わっていくものである"。最后就结论进行分析并提出对策,还加入了语句"これからの勉強でいろいろな難関にぶつかると思うが、初心を忘れず、高いモチベーションを持ってひとつひとつ乗り越えよう。暗闇を越えたら輝かしい未来がきっとを待っていると信じている"鼓舞听众,激励听众采取行动。

  幻灯片简洁明了,逻辑关系明确,恰当地使用饼状图表达调查结果,同时使用箭头和关系图简洁地表现出各部分内容之间的关系。

  该篇范文借助调查得出了较有说服力的结论,并通过一些语言技巧丰富表达,反响热烈在一定程度上促进了听众采取行动改变现状。

第 11 课

意见阐述类——论文

　　日语写作中最重要的一块当数论文的撰写,现行的大学教育体制要求每位日语专业的学生在大学四年级下学期提交论文并通过答辩。大部分高校要求日语专业的学生用日语撰写毕业论文,将其作为检测大学四年日语学习的试金石。学生倘若认真准备,不但可以有效提高日语写作能力,还能锻炼思维能力,尤其对于有志于进一步攻读硕士、博士学位的学生来说,这是一次必要的预热。

　　用日语写论文首先要有比较扎实的日语功底,要能够驾驭长句、复杂句,还要有足够的词汇量,能够区分书面语和口语,这些都需要日积月累,没有捷径,很难一蹴而就。

　　在此基础上,需要着重训练的是论文的论证。所谓论文,顾名思义,是指有论证的文章,有论证就要有逻辑,而写作逻辑的训练从大的方面来看,基本可总结为以下三个步骤:提出问题、组织论证、归纳总结。

　　论文一般采用本书第一部分第 3 课中提及的三段式结构,即"开头(导入)—展开(展開)—结尾(結末)"的结构,在日语论文中一般称为"序論(绪论)—本論(本论)—結論(结论)"。

　　以下以论文「上海以前の堀田善衞——国際文化振興会とその周辺」(『國語と國文学』2019 年 3 月,以下称范文)为例具体探讨。

一 开头(はじめに)

　　论文的开头一定要提出问题。提出问题,对于整篇论文至关重要,可以说是论文的核心,所以开头部分一定要讲清楚接下来的论述是围绕什么问题展开的。提出的问题必须是新的问题,也就是与前人所提的问题不一样的问题,这是论文独创性的突出体现。要说明自己提出的是新问题,就要对

此前的相关研究做一个简单的综述，说明前人在该领域已经取得的成果，通过对比前人的成果来突出自己的不同。范文的开头如下。

> 　　堀田善衛は一九四二年一〇月から一年間ほど、戦時中の対外文化交流機関である国際文化振興会に在職していた。同会は外務省の外郭団体であり、現在の国際交流基金の前身にあたる。
> 　　その源流は、一九二三年に北京議定書によって日本側に支払われた義和団事件の賠償金を、日本政府が文化事業に宛てるべく、いわゆる「対支文化事業特別会計」を設けたことにさかのぼることができる。戦時中において、国際文化振興会を介して、日本と「満州国」や汪兆銘政権との文化交流が盛んだったことは、当時の「理事会決議録」から読み取ることができる。また、抗戦を続ける重慶政権とも決して没交渉ではなかった。つまり、日中戦争が泥沼化する一方、米英との太平洋戦争が新たに開始されるなか、軍以外、国際文化振興会も含めて政府と密接な関係をもった民間レベルで、日中間の和平工作が模索されていたのである。
> 　　中国とは無関係だったはずの堀田が、戦争最末期の一九四五年三月に突然のように、上海へ渡った。その理由は彼自身によれば、ヨーロッパに渡る足がかりだったとされているが、ヨーロッパまでたどり着く確率が低いことは承知していたはずである。実際の動機と背景は判然としていない。その前段階で国際文化振興会に就職した堀田は、上司の伊集院清三の紹介で河上徹太郎と知り合った。当時、河上は日中文化交流の第一線において活躍していた。そして河上を通してであろう、中国からの留学生呉玥とも接触を持った。呉は日中和平を目指す秘密工作に関わっていた。後述するように、堀田自身にしても、近衛文麿のブレーン組織である昭和研究会・昭和塾と関係があったように思われる。
> 　　つまり、戦時中の堀田を考える場合、彼の評論などを検討するとともに、当時日中間の諜報戦最前線である上海に渡航した彼の行動の背後を見極める必要もある。それはとりもなおさず、堀田はどのような文脈で、なぜ上海行きを決断したかという問題につながっているからである。本章では、以上のような堀田の上海渡航をめぐる、日中両国

> のあいだに張り巡らされた複雑な人的ネットワーク、およびそれに付随する戦時日本の思想や言説について考える。

　　从文章结构来看，前后文大致呈现出层层递进的逻辑关系。

　　先看最后一段。"本章では、以上のような堀田の上海渡航をめぐる、日中両国のあいだに張り巡らされた複雑な人的ネットワーク、およびそれに付随する戦時日本の思想や言説について考える"这句话明确地指出接下来整篇论文要探讨的是堀田善卫这个历史人物前往上海的背景。

　　为了引出论文的主旨，前文做了大量的铺垫。第一段点明了堀田的工作单位是国际文化振兴会，第二段进而简述了该会的历史起源，并且指出抗日战争期间，日本方面通过国际文化振兴会等机构与中方仍然保持着秘密往来。第三段再聚焦堀田，指出其于抗日战争末期赴上海一事应当与其在国际文化振兴会就职的这段经历有关，并初步列举了一些佐证的事实。

　　不过，这篇论文乍一看似乎没有对前人的研究进行综述。仔细研读，可以发现第三段的"中国とは無関係だったはずの堀田が、戦争最末期の一九四五年三月に突然のように、上海へ渡った。その理由は彼自身によれば、ヨーロッパに渡る足がかりだったとされているが、ヨーロッパまでたどり着く確率が低いことは承知していたはずである"部分，就相当于对前人研究的总结概括，只不过没有详细列举而已。通过这句话，可以知晓现有的堀田研究成果对其在抗战争末期飞赴上海一事的一般认识，而范文对此提出了其他的看法。

　　该论文要最大限度地压缩对前人研究的综述，而将笔墨更多地用在对国际文化振兴会的解释上，一则为了引导读者关注论文的核心问题点，二则是普通读者对该会并不了解，有必要做适当的背景介绍。若读者对学术论文中所讲的概念、事务不了解或者按照一般理解，是容易产生偏误的，这个时候就一定要解释清楚，以免产生歧义。

　　当然，实际操作当中可以按部就班地把前人研究的综述写具体。这里要特别注意的是，不要仅仅罗列出前人研究，还要阐述各个研究是站在什么立场或角度进行的，这样才能凸显自身的见解。例如，下面的这篇论文，下画线部分就是对前人研究及其立场的具体介绍，最后一段提出前人研究的不足之处，引出自身立场和论文的目的。

> これらの動詞(の一部)は、次のような研究で取り上げられている。日本語動詞の意味や用法の記述的研究である国立国語研究所編(1972)には、「向かう」「面する」などの動詞に含まれる、上下、左右、内外、東西南北などの「方向性」に関する意味特徴について記述がある。国立国語研究所編(2004)(分類語彙表)では、「用の類」における「存在」「空間」を表す項目に「点在する」「対する」などの動詞を挙げているが、「隣接する」「そびえる」「林立する」などは「作用」を表すとされている。動詞の体系論である奥田(1992)では、動詞の構文的な機能やテンス、アスペクト、ムード、ヴォイスなどの総合的な　観点から、「違う」「似る」などとともに、「そびえる」「面する」などを〈関係〉を表す動詞に含めている。空間的配置動詞を動詞のグループとして初めて取り上げたのは、アスペクト体系の記述である工藤(1995)である。空間的配置動詞は、アスペクト対立のない静態動詞の一種であり、そこには「そびえている」「ひしめきあっている」「めんしている」「りんせつしている」が例示されている。また、認知言語学では、空間認知による言語の意味の創造や拡張に関する議論において、これらの動詞に注目されている(山梨(1999)など)。
>
> しかし、従来の研究では、このグループ動詞のカテゴリー的な特徴に対して体系的な考察を行ったものはないといってもいい。本発表では、空間的配置動詞の全体像を把握することを目的として、それらの語彙的・文法的な特徴や類型化について考察する。
>
> (『日本語学会2017年度秋季大会予稿集』)

二 论证(各节)

中间的论证部分是论文的主体,是分层次、分要点对开头所提问题进行的论证的过程。具体该如何论证,并没有一个普遍适用的模式,须根据论文撰写人对所提问题的认知程度,自行设计层次、要点。各层次、要点之间,可以是层层递进,也可以是互相并列,只要共同服务于开头部分所提的问题即可。

中间的论证部分,详细、具体地展开开头部分所提的问题,因此头绪较

多。在宏观方面各个层次、要点的论证不能与开头所提问题脱钩;在微观方面,各个层次、要点内部的逻辑关系也要清晰。一般做法是,先确定好各个层次、要点,再细化,细化的过程通常是材料加逻辑分析。论证的展开部分结构方式可参照本书第一部第2课。

下面是范文论证部分的简化版。

一　日本浪曼派への接近と離反

それらのさまざまな外部要因を検討する前に、戦時下における本人の思想的変動をまず探らなければならない。一九四三年一二月から始まり、召集(四四年二月)をはさんで四四年一一月まで雑誌『批評』に連載していた「西行」とその未発表の続篇の草稿(「西行月と花—二つの歌合せ」と「西行・旅」)の間に見られるある種の亀裂は、その思想的変動を示す好例と考えられる。(後略)

二　河上徹太郎と中国

ちょうど堀田の「変化」が推定される時期に、河上は『批評』に二篇の評論を書いていた。「中国文藝復興私観」(『批評』、一九四四年一一月)と「大正以後の現代日本文学—中国向け「日本文化」所載評論原文」(同四五年二月)である。いずれも『河上徹太郎全集』(勁草書房、一九六九～七二年)には収録されておらず、これまで表だって論じられたことはない。この二篇は一方が中国の現代文学を論じ、もうひとつが現代の日本文学を中国に紹介・解説したものである。(後略)

三　呉玥と「道義的生命力」論争

呉玥は京都学派の哲学者高山岩男との間に、いわゆる「道義的生命力」をめぐって論争を展開した。「道義的生命力」が高山によって提起されたのは、『中央公論』一九四二年一月号に掲載された「世界史的立場と日本」という座談会においてである。さらに同年一〇月号の『中央公論』に、高山は「歴史の推進力と道義的生命力」と題する論文を発表し、概念の定義を詳述した。同論文において、高山は「溌剌たる道義的生命力の根源は我が国体の精神にある」と主張する一方、「漢民族は道義生命力が欠乏している」と指摘した。(後略)

> 四　上海行きの謎
>
> 堀田は上海で呉玥と再会を果たした。しかし、呉玥が中国側の工作員として繆斌工作などの秘密工作に関係していたことを、堀田が察知していたかどうかは不明である。（中略）堀田が朝日新聞社の飛行機で上海に渡った（同年三月二四日）ことである。渡航機に同乗していたのは、朝日新聞社の上海総局長である和田斉と同次長の橋本登美三郎（戦後、自民党幹事長を務める）であった。戦時下における厳しい監視体制に鑑みれば、これは単なる偶然だろうか。むしろ、この偶然は堀田、呉玥及び和田斉などの朝日新聞社関係者との知られざるつながりを暗示しているのではないか。（後略）

如上所示，该论文共分为四个要点展开论述。第一，"日本浪曼派への接近と離反"主要是讲堀田赴沪之前的相关情况。内容主要是结合两份材料（堀田的评论文章）分析抗日战争末期堀田的思想变化。

第二，"河上徹太郎と中国"主要探讨的是堀田就职于国际文化振兴会期间的同僚河上彻在抗日战争末期对中国的看法。内容上也是结合两份材料（河上的评论文章）进行分析。

第三，"呉玥と「道義的生命力」論争"主要介绍堀田就职于国际文化振兴会期间的同僚吴玥在留日期间与日本学者进行的学术论争。内容上充分利用了吴玥与日本学者论争的文字材料。

综上可知，第二点、第三点所述的堀田周边人员都与中国有所关联，第四点，"上海行きの謎"在此基础上进一步挖掘战争末期堀田身边的情况，从而为第一点所提及的"抗日战争末期堀田的思想变化"，提供一种可能的解释。

整体来看，除了第一点是直接与堀田本人相关以外，第二点、第三点、第四点都是在探讨堀田身边的人物，亦即从侧面考证堀田于抗日战争末期赴沪的背景。严格来说，这样的论证体系不能够解释堀田为什么在抗日战争末期赴沪，所以开头部分并没有将弄清堀田赴沪的原因作为研究的目的，而是将阐明堀田赴沪前后的相关背景作为论文的主旨。

显然直接考证堀田赴沪的原因是一个更有价值的题目，范文作者在构思阶段也确实是朝着这个方向努力的，然而因为各方面的原因，始终没有办法正面解决这个问题。这并不意味着这样就无法组织论文，既然无

法从这方面进行考察,根据手头掌握的材料,探讨堀田赴沪相关的背景,从而为进一步挖掘堀田赴沪的原因提供一种思路,同样也能成为一篇论文。也就是说,我们要根据手头材料的特征,灵活调整写作的思路和方向,而不是一条胡同走到黑。要是遇到这种情况时,开头部分的写作目的等也应做相应调整。

三 结尾(終わりに)

结尾部分,一般要与开头部分呼应,即对开头部分所提出的问题做出回应。通常的做法是总结中间论证部分的内容,在此基础上得出结论。上面范文的结尾如下。

> 戦時中の日本の思想的配置を説明することはきわめてむずかしい。国内においては、一九四〇年一二月の情報局発足に象徴されるような絶対的な検閲体制がすでに出来上がっていた。そうしたなかで、日本浪曼派の天皇制イデオロギー、高山の「道義的生命力」の核心をなす天皇制の絶対化は、時代の主流であった。一方対外的には、太平洋戦争の勃発によって「近代の超克」という思想の総括が惹き起こされた。英米発祥の近代を超克しようと挑む日本を盟主とした「大東亜」が主体になるため、また泥沼化に陥りつつあった日中戦争を早く終結せねばならない必要もあったので、中国問題が勢い議論されるようになった。こうした状況のなか、目立たぬかたちで河上の芸術主義、並びに呉玥の日中平等論があった。
>
> 外国に眼を向けず、天皇制イデオロギーのようなナショナリズムに邁進する日本浪曼派は、結局観念の世界に入り、現実と遮断していたのである。高山や河上などは、天皇制について擁護の立場だが、中国問題といった対外の関係について目を瞑っていなかった。無論具体的な扱い方にいたると、かなりの齟齬が生じていた。中国人としての呉玥はこの点において、高山などの日本文化人を批判していた。

日语写作——新思维与新方法

> 堀田は、いったん日本浪曼派に身を置いていたが、やがてそこから抜けて、異国(中国)を志向したのである。この過程において、河上と呉玥の言説がどこまで影響したかは分からないが、アジアの多様性に立とうとした彼らの考え方は、明らかにナショナリズム一辺倒の世論とは一線を画していた。なおかつ彼らは、思想的な議論にとどまらず、政治的な実践にも身を投じていた。
>
> 政治的な実践に、表向きの日中文化交流と秘密裏の和平工作があった。河上と呉玥の存在は、堀田を、文化交流を介しての和平工作へと導く可能性を秘めていた。さらに、この可能性をより現実的なものにしたのは、近衛文麿の周辺にあった和平勢力——昭和研究会・昭和塾の人脈および繆斌工作などを画策した朝日新聞社や満鉄方面のグループとのつながりではないか。最終的に朝日新聞社上海支局長と同次長に伴われ、同社の飛行機で上海に向かったこと自体がすでにそれを物語っている。そして上海に派遣された朝日新聞社の記者(須田禎一など)は、直接中国側とのパイプを持っていた。戦後堀田が中国側に徴用される理由の一部は、彼等とのかかわりを背後に持っていたことにあるはずである。
>
> 以上を踏まえてみれば、堀田善衞を小説家・批評家としてだけでとらえるのは物足りない。戦中戦後に東アジアの国際政治の近傍に位置し、渦中に飛び込んだアクティヴィストとして改めてとらえ返す必要がある。敗戦後中国国民党政府の徴用に応じることや、アジア・アフリカ作家会議での活動にこうした堀田の能動的な一面があったと思える。

　　以上第一段、第二段首先罗列了前文提到的抗日战争期间日本国内的思潮，进而简单地做出评价。第三段在指出"河上と呉玥の言説がどこまで影響したかは分からないが"的基础上，明确"アジアの多様性に立とうとした彼らの考え方は、明らかにナショナリズム一辺倒の世論とは一線を画していた"，实际是委婉地指出堀田在抗日战争末期赴沪一事应当是受到了身边人的影响，只不过没有证据能够直接证明这一点，故而写得隐晦。

　　之后的"なおかつ彼らは、思想的な議論にとどまらず、政治的な実践にも身を投じていた"则把笔锋从思想转到实践活动。第四段总结前文出现的抗日战争末期中日人员的接触，从实践活动方面概括堀田赴沪的时代背景。

最后一段,从文字上来看是抽象的内容,因为之前已经罗列了具体的思想、实践活动背景,此处自然需要一段高度概括性的内容,一则覆盖所有总结的内容,二则与开头部分"堀田の上海渡航をめぐる、日中両国のあいだに張り巡らされた複雑な人的ネットワーク、およびそれに付随する戦時日本の思想や言説について考える"形成呼应。

四 其他注意事项

以上从开头、展开、结尾三个方面讲解了论文的结构。除此之外,还有几个需要注意的方面。

第一,论文题目。论文题目可以说是开头部分所提问题的进一步精简概括。要拟一个吸引人的题目,要有比较强的文字能力、概括能力。这些能力只能在实践中逐步培养。经验是,在论文构思阶段使用草拟的题目,在论文定稿后斟酌最终的题目。题目的拟定方法可以参考本书第一部第1课。

第二,论文用语。首先要戒口语,用书面语,这一点毋庸赘言。其次要注意日语句子的末尾。日语论文中常见以"と思われる""と考えられる""と思える""のである"结尾的句子。论文首重逻辑,前两个短语的使用显然是为了谨慎行文,"のである"则明显是判断、强调的语气。具体内容可以参考本书第二部分第4课、第5课。

第三,参考文献。参考文献一般是标注信息的来源,可以细分为以下几类。

① 著作:鹿地亘『抗戦日記』九州評論社、1948 年;

② 论文:鳴海正泰「戦時中革新と戦後革新自治体の連続性をめぐって」『自治総研』、2012 年 4 月;

③ 报刊:「武田泰淳の資料 2200 点寄贈長女が日本近代文学館に」『朝日新聞』、2005 年 11 月 18 日;

④ 网页:佐藤光一「大学生におすすめのアプリ」レコレコ、(最終閲覧日:2019 年 4 月 13 日)、https://colle-colle.com/;

⑤ 其他:衆議院「海外同胞引揚及び遺家族援護に関する調査特別委員会」、1954 年 1 月 7 日会議における緒方俊郎発言。

当然,不同的学科领域在标注参考文献时,在格式上会有细微的差别。

不过综合来看,参考文献的标注都要遵循一个共同的原则,即便于读者找寻原文。因此,报刊类的参考文献一定要标记到日,论文等通过期刊和杂志发表的文献通常要标记到卷数或期号。

第四,引用。引用关系到知识产权的问题,必须要与作者个人的见解区分开来。直接引用时,如果引用部分较长,通常的做法是空一行另起,结束后再空一行,引用部分首行缩进两个字,末尾要注上作者名、作品名、出版社、出版年、页数。例如:

> 三井秀樹は、感性を以下のように述べている。
> (空一行)
> 　私たちは美しいものや芸術性の高い美術作品、あるいは魅力的な人に出会うと心ときめき、感動する。このように人を惹きつけるものを受け入れる感覚器官の感受性を感性と呼んでいる。(三井秀樹『メディアと芸術』集英社新書,2002,pp.194)
> (空一行)
> この定義からわかるように、(略)。

若引用部分较短,则用"「　」"将引用内容括住,再在后面注释引用出处。例如:

> 三井秀樹は感性を「人を惹きつけるものを受け入れる感覚器官の感受性」と定義している(三井秀樹『メディアと芸術』集英社新書,2002,pp.194)。

除直接引用以外,还有间接引用,即将先行研究的内容用自己的语言总结出来,总结的内容后面同样需要注明出处。例如:

> 感性は感覚器官が心ときめきの瞬間に対する感受性のことだとされている(三井秀樹『メディアと芸術』集英社新書,2002,pp.194)。

第五,期末小论文。期末小论文实际与一篇论文的流程相似,只不过体量上可以比一篇论文小一些。

附 录

附录一

网络拓展资料

（一）稿纸使用规则

（1）「慶應情報喫茶レッテラ原稿用紙の使い方」：http://www.nets.ne.jp/~keio/genkoyoshi.htm

（二）日语文字

（1）常用漢字一覧（2010年日本内閣告示第2号）：https://joyokanji.info/list.html

（2）常用漢字チェッカー：https://joyokanji.info/

（3）『送り仮名の付け方』：http://nifongo.style.coocan.jp/okuri.html

（三）标点符号使用方法

（1）『くぎり符号の使い方〔句読法〕』[昭和21(1946)年3月・文部省教科書局調査課国語調査室]：https://www.bunka.go.jp/kokugo_nihongo/sisaku/joho/joho/kijun/sanko/pdf/kugiri.pdf

（2）中华人民共和国国家标准 GB/T 15834—2011 标点符号用法：http://www.jzp.edu.cn/yywz/2017/0526/c1040a7988/page.html

（四）思维导图制作软件

（1）免费：百度脑图
（2）付费：WPS脑图、MindManager、XmindI、MindMap

附录二

拓展阅读书籍

[1] 沖森卓也.文章が変わる接続語の使い方[M].東京:ベレ出版.2016.

[2] 小森万里,三井久美子.レポート・論文を書くための日本語文法[M].東京:くろしお出版.2016.

[3] アカデミック・ジャパニーズ研究会編.大学・大学院留学生の日本語2作文編改訂版[M].東京:アルク出版.2015.

[4] アカデミック・ジャパニーズ研究会編.大学・大学院留学生の日本語4論文作成編:改訂版[M].東京:アルク出版.2015.

[5] 渡辺潤,宮入恭平.「文化系」学生のレポート・卒論術[M].東京:青弓社.2013.

[6] 滝川好夫.卒業論文・修士論文作成の要点整理実践マニュアル[M].東京:税務経理協会.2013.

[7] 二通信子,佐藤不二子.留学生のための論理的な文章の書き方改訂版[M].東京:スリーエーネットワーク.2017.

[8] 石黒圭.よくわかる文章表現の技術1表現・表記編:新版[M].東京:明治書院.2005.

[9] 石黒圭.よくわかる文章表現の技術3文法編[M].東京:明治書院.2009.

[10] 友松悦子,宮本淳,和栗雅子.どんなときどう使う日本語表現文型辞典[M].東京:アルク出版.2007.

[11] 清水明美,岩沢正子,加藤清,武田明子,福沢健.プラクティカル日本語・文章表現編—成功する型—[M].東京:おうふう社.2003.

[12] 前川智.最新日語使用生活、商务书信大全[M].陈彪,译.上海:华东理工大学出版社.2016.

[13] 胡传乃.日语写作[M].3版.北京:北京大学出版社.2010.

附录三

日语常用汉字一览表（2136 字）

亜	哀	挨	愛	曖	悪	握	圧	扱
宛	嵐	安	案	暗	以	衣	位	囲
医	依	委	威	為	畏	胃	尉	異
移	萎	偉	椅	彙	意	違	維	慰
遺	緯	域	育	一	壱	逸	茨	芋
引	印	因	咽	姻	員	院	淫	陰
飲	隠	韻	右	宇	羽	雨	唄	鬱
畝	浦	運	雲	永	泳	英	映	栄
営	詠	影	鋭	衛	易	疫	益	液
駅	悦	越	謁	閲	円	延	沿	炎
宴	怨	媛	援	園	煙	猿	遠	鉛
塩	演	縁	艶	汚	王	翁	央	応
往	押	旺	欧	殴	桜	乙	奥	横
岡	屋	億	憶	臆	虞	火	俺	卸
音	恩	温	穏	下	化	河	加	可
仮	何	花	佳	価	果	貨	苛	科
架	夏	家	荷	華	菓	箇	渦	過
嫁	暇	禍	靴	寡	歌	賀	稼	課
蚊	牙	瓦	我	画	芽	改	雅	餓
介	回	灰	会	快	戒	開	怪	拐
悔	海	界	皆	械	絵	貝	階	塊
楷	解	潰	壊	懐	諧		外	劫

150

骸	概	該	蓋	慨	街	涯	崖	害
殻	核	嚇	獲	革	拡	慨	柿	垣
穫	嚇	郭	格	確	閣	較	覚	郭
活	括	潟	掛	顎	楽	岳	学
株	且	轄	褐	滑	割	渇	喝
完	缶	汗	甘	刊	刈	鎌	釜
患	勘	乾	陥	看	巻	冠	官	肝
間	款	棺	敢	換	喚	寒	貫
関	管	慣	漢	感	幹	寛	勧	閑
観	簡	環	館	還	憾	緩	監	歓
眼	玩	岩	岸	含	丸	鑑	艦	韓
岐	気	机	危	伎	企	願	顔	頑
既	軌	紀	季	祈	奇	汽	忌	希
亀	規	寄	基	帰	鬼	飢	起	記
旗	毀	棄	貴	棋	期	揮	幾	喜
欺	偽	宜	技	騎	機	輝	畿	器
吉	菊	議	犠	擬	戯	儀	疑	義
久	九	虐	逆	脚	客	却	詰	喫
求	臼	朽	吸	休	丘	弓	及
給	球	救	宮	糾	級	急	泣	究
挙	拠	拒	居	巨	去	牛	窮	嗅
叫	共	凶	漁	御	魚	距	許	虚
狭	挟	峡	況	協	供	享	京	狂
橋	境	郷	教	強	脅	胸	恭	恐

矯	鏡	競	響	驚	仰	暁	業	凝
曲	局	極	玉	巾	斤	均	近	金
菌	勤	琴	筋	僅	禁	緊	錦	謹
襟	吟	銀	区	句	苦	駆	具	惧
愚	空	偶	遇	隅	串	屈	掘	窟
熊	繰	君	訓	勲	薫	軍	郡	群
兄	刑	形	系	径	茎	係	型	契
計	恵	啓	揭	渓	経	蛍	敬	景
軽	傾	携	継	詣	慶	憬	稽	憩
警	鶏	芸	迎	鯨	隙	劇	擊	激
桁	欠	穴	血	決	結	傑	潔	月
犬	件	見	券	肩	建	研	県	倹
兼	剣	拳	軒	健	険	圏	堅	検
嫌	献	絹	遣	権	憲	賢	謙	鍵
繭	顕	験	懸	元	幻	玄	言	弦
限	原	現	舷	減	源	厳	己	戸
古	呼	固	孤	弧	股	虎	故	枯
個	庫	湖	雇	誇	鼓	錮	顧	五
互	午	呉	後	娯	悟	碁	語	誤
護	口	工	公	勾	孔	功	巧	広
甲	交	光	向	后	好	江	考	行
坑	孝	抗	攻	更	劾	幸	拘	肯
侯	厚	恒	洪	皇	紅	荒	郊	香
候	校	耕	航	貢	降	高	康	控

附录三　日语常用汉字一览表(2136字)

梗	黄	喉	慌	港	硬	絞	項	溝
鉱	構	綱	酵	稿	興	衡	鋼	講
購	乞	号	合	拷	剛	傲	豪	克
告	谷	刻	国	黒	穀	酷	獄	骨
駒	込	頃	今	困	昆	恨	根	婚
混	痕	紺	魂	墾	懇	左	佐	沙
査	砂	唆	差	詐	鎖	座	挫	才
再	災	妻	采	砕	宰	栽	彩	採
済	祭	斎	細	菜	最	裁	債	催
塞	歳	載	際	埼	在	材	剤	財
罪	崎	作	削	昨	柵	索	策	酢
搾	錯	咲	冊	札	刷	刹	拶	殺
察	撮	擦	雑	皿	三	山	参	桟
蚕	惨	産	傘	散	算	酸	賛	残
斬	暫	士	子	支	止	氏	仕	史
司	四	市	矢	旨	死	糸	至	伺
志	私	使	刺	始	姉	枝	祉	肢
姿	思	指	施	師	恣	紙	脂	視
紫	詞	歯	嗣	試	詩	資	飼	誌
雌	摯	賜	諮	示	字	寺	次	耳
自	似	児	事	侍	治	持	時	滋
慈	辞	磁	餌	璽	鹿	式	識	軸
七	叱	失	室	疾	執	湿	嫉	漆
質	実	芝	写	社	車	舎	者	射

捨	赦	斜	煮	遮	謝	邪	蛇	尺
借	酌	釈	爵	若	弱	寂	手	主
守	朱	取	狩	首	殊	珠	酒	腫
種	趣	寿	受	呪	授	需	儒	樹
収	囚	州	舟	秀	周	宗	拾	秋
臭	修	袖	終	羞	習	週	就	衆
集	愁	酬	醜	蹴	襲	十	汁	充
住	柔	重	従	渋	銃	獣	縦	叔
祝	宿	淑	粛	縮	塾	熟	出	述
術	俊	春	瞬	旬	巡	盾	准	殉
純	循	順	準	潤	遵	処	初	所
書	庶	暑	署	緒	諸	女	如	助
序	叙	徐	除	小	升	少	召	匠
床	抄	肖	尚	招	承	昇	松	沼
昭	宵	将	消	症	祥	称	笑	唱
商	渉	章	紹	訟	勝	掌	晶	焼
焦	硝	粧	詔	証	象	傷	奨	照
詳	彰	障	憧	衝	賞	償	礁	鐘
上	丈	冗	条	状	乗	城	浄	剰
常	情	場	畳	蒸	縄	壌	嬢	錠
譲	醸	色	拭	食	植	殖	飾	触
嘱	織	職	辱	尻	心	申	伸	臣
芯	身	辛	侵	信	津	神	唇	娠
振	浸	真	針	深	紳	進	森	診

寝	慎	新	審	震	薪	親	人	刃
仁	尽	迅	甚	陣	尋	腎	須	図
水	吹	垂	炊	帥	粋	衰	推	酔
遂	睡	穂	随	髄	枢	崇	数	据
杉	裾	寸	瀬	是	井	世	正	生
成	西	声	制	姓	征	性	青	斉
政	星	牲	省	凄	逝	清	盛	婿
晴	勢	聖	誠	精	製	誓	静	請
整	醒	税	夕	斥	石	赤	昔	析
席	脊	隻	惜	戚	責	跡	積	績
籍	切	折	拙	窃	接	設	雪	摂
節	説	舌	絶	千	川	仙	占	先
宣	専	泉	浅	洗	染	扇	栓	旋
船	戦	煎	羨	腺	詮	践	箋	銭
潜	線	遷	選	薦	繊	鮮	全	前
善	然	禅	漸	膳	繕	狙	阻	祖
租	素	措	粗	組	疎	訴	塑	遡
礎	双	壮	早	争	走	奏	相	荘
草	送	倉	捜	挿	桑	巣	掃	曹
曽	爽	窓	創	喪	痩	葬	装	僧
想	層	総	遭	槽	踪	操	燥	霜
騒	藻	造	像	増	憎	蔵	贈	臓
即	束	足	促	則	息	捉	速	側
測	俗	族	属	賊	続	卒	率	存

打	汰	多	他	遜	損	尊	孫	村
耐	体	対	太	駄	惰	堕	唾	妥
逮	袋	堆	泰	帯	退	胎	怠	待
台	代	大	態	隊	貸	替
託	拓	卓	沢	択	滝	題	第
誰	棚	奪	脱	達	濁	諾	濯
短	淡	探	胆	炭	但	旦	丹
断	段	男	団	鍛	単	端	嘆
恥	値	知	池	地	誕	暖	弾
逐	畜	竹	緻	置	壇	談	遅	致
仲	中	嫡	着	茶	稚	痴	築	蓄
衷	柱	昼	注	抽	窒	宙	秩	虫
兆	庁	弔	貯	著	忠	駐	酎
頂	釣	彫	張	帳	挑	長	町
潮	嘲	眺	徴	腸	超	朝	鳥
珍	沈	捗	勅	直	懲	調	澄
痛	通	墜	椎	追	鎮	賃	陳	朕
弟	廷	呈	低	鶴	爪	坪	漬	塚
庭	訂	帝	貞	亭	邸	抵	底	定
諦	締	艇	程	提	堤	偵	停	逓
迭	溺	敵	適	滴	摘	笛	的	泥
展	点	店	典	天	撤	徹	鉄	哲
吐	斗	電	殿	伝	田	塡	転	添
奴	土	賭	塗	渡	都	途	徒	妬

附录三　日语常用汉字一览表(2136字)

努	度	怒	刀	冬	灯	当	投	豆
東	到	逃	倒	凍	唐	島	桃	討
透	党	悼	盗	陶	塔	搭	棟	湯
痘	登	答	等	筒	統	稲	踏	糖
頭	謄	藤	闘	騰	同	洞	胴	動
堂	童	道	働	銅	導	瞳	峠	匿
特	得	督	徳	篤	毒	独	読	栃
凸	突	届	屯	豚	頓	貪	鈍	曇
井	那	奈	内	梨	謎	鍋	南	軟
難	二	尼	弐	匂	肉	虹	日	入
乳	尿	任	妊	忍	認	寧	熱	年
念	捻	粘	燃	悩	納	能	脳	農
濃	把	波	派	破	覇	馬	婆	罵
拝	杯	背	肺	俳	配	排	敗	廃
輩	売	倍	梅	培	陪	媒	買	賠
白	伯	拍	泊	迫	剥	舶	博	薄
麦	漠	縛	爆	箱	箸	畑	肌	八
鉢	発	髪	伐	抜	罰	閥	反	半
氾	犯	帆	汎	伴	判	坂	阪	板
版	班	畔	般	販	斑	飯	搬	煩
頒	範	繁	藩	晩	番	蛮	盤	比
皮	妃	否	批	彼	披	肥	非	卑
飛	疲	秘	被	悲	扉	費	碑	罷
避	尾	眉	美	備	微	鼻	膝	肘

匹	必	泌	筆	姫	百	氷	表	俵
票	評	漂	標	苗	秒	病	描	猫
品	浜	貧	賓	頻	敏	瓶	不	夫
父	付	布	扶	府	怖	阜	附	訃
負	赴	浮	婦	符	富	普	腐	敷
膚	賦	譜	侮	武	部	舞	封	風
伏	服	副	幅	復	福	腹	複	覆
払	沸	仏	物	粉	紛	雰	噴	墳
憤	奮	分	文	聞	丙	平	兵	併
並	柄	陛	閉	塀	幣	弊	蔽	餅
米	壁	璧	癖	別	蔑	片	辺	返
変	偏	遍	編	弁	便	勉	歩	保
哺	捕	補	舗	母	募	墓	慕	暮
簿	方	包	芳	邦	奉	宝	抱	放
法	泡	胞	俸	倣	峰	砲	崩	訪
報	蜂	豊	飽	褒	縫	亡	乏	忙
坊	妨	忘	防	房	肪	某	冒	剖
紡	望	傍	帽	棒	貿	貌	暴	膨
謀	煩	北	木	朴	牧	睦	僕	墨
撲	没	勃	堀	本	奔	翻	凡	盆
麻	摩	磨	魔	毎	妹	枚	昧	埋
幕	膜	枕	又	末	抹	万	満	慢
漫	未	味	魅	岬	密	蜜	脈	妙
民	眠	矛	務	無	夢	霧	娘	名

附录三 日语常用汉字一览表(2136字)

免	滅	鳴	銘	盟	冥	迷	明	命
耗	盲	毛	冥	模	茂	麵	綿	面
夜	冶	妄	紋	門	黙	目	網	猛
闇	躍	問	訳	約	役	厄	弥	野
友	唯	癒	薬	諭	愉	喩	油	由
遊	裕	猶	湧	郵	悠	幽	勇	有
誉	余	予	与	優	融	憂	誘	雄
庸	容	要	洋	妖	羊	用	幼	預
踊	瘍	様	腰	溶	陽	葉	揺	揚
欲	浴	沃	抑	曜	謡	擁	養	窯
頼	雷	来	羅	裸	拉	翼	翌
絡	藍	濫	覧	卵	乱	辣	酪	落
欄	璃	履	裏	痢	里	利	吏
離	留	流	柳	略	慄	律	立	陸
竜	了	慮	虜	旅	侶	硫	隆	粒
両	領	僚	量	陵	猟	涼	料	良
寮	倫	厘	林	緑	力	糧	瞭	療
輪	令	類	塁	累	涙	瑠	臨	隣
礼	隷	霊	零	鈴	例	戻	励	冷
齢	恋	裂	烈	劣	列	歴	暦	麗
連	露	路	賂	炉	呂	錬	練	廉
老	漏	楼	廊	浪	朗	郎	弄	労
籠	脇	賄	話	和	論	麓	録	六
惑						腕	湾	枠

附录四

稿　　纸

（一）横向稿纸

（二）竖向稿纸

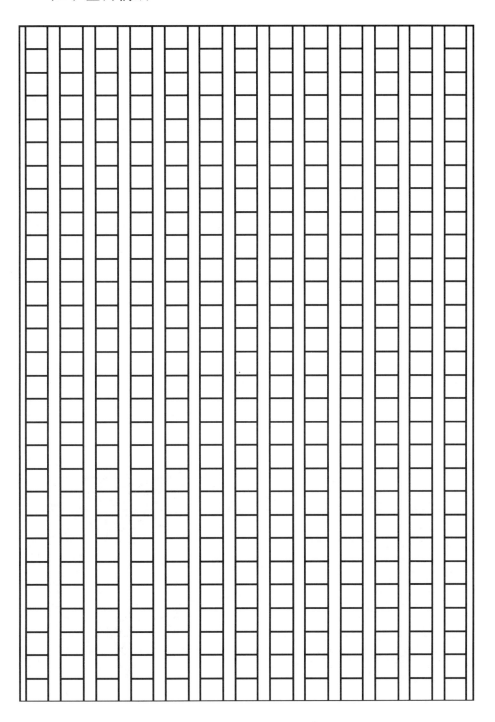

（三）行线稿纸

附录五

作文自评单

作文自评单					
*自我评价： A完全做到　B基本做到　C未做到					
序号	评测事项		具体内容	自我评价	修改情况
1	书写	文字	无错字和漏字，使用日文汉字	A　B　C	
		标点	正确使用日文标点符号	A　B　C	
		格式	正确使用稿纸	A　B　C	
		字体	用楷书规范书写，电脑输入时用MS明朝体	A　B　C	
2	句子段落	长度	没有过长句子	A　B　C	
		文末	文末统一为"だ・である"体或"です・ます"体	A　B　C	
		文体	区分口语和书面语	A　B　C	
		主谓语	主语和谓语相呼应	A　B　C	
		接续词	使用恰当的接续词，句间、段落间的关系明了正确	A　B　C	
		段落	段落划分清晰，一个段落只叙述一个事实	A　B　C	
3	结构	序部	准确概括文章主要内容	A　B　C	
		正文1	具体描述事件或现象	A　B　C	
		正文2	详细叙述论据	A　B　C	
		总结	叙述从正文得出的结论	A　B　C	
		结语	从总结中升华自身的观点、主张	A　B　C	
4	内容	标题	突出文章中心	A　B　C	
		主题	主题明确，准备提炼关键字	A　B　C	
		材料	大范围收集材料，围绕主题使用恰当的材料	A　B　C	
		目的	充分表达了自身想法，达到写作目的	A　B　C	
		读者	充分考虑读者的理解度，对概念、术语等进行了解说	A　B　C	
		事实和意见	明确区分客观事实与主观意见	A　B　C	
		自己和他人	明确区分自身的观点和他人的见解	A　B　C	
5	写作心得、反省点、今后改进措施等：				